L'Abbé NOLLET

Physicien

Son Voyage en Piémont & en Italie
(1749)

D'après le manuscrit inédit de la Bibliothèque de Soissons

PAR

G. HECTOR QUIGNON

Professeur au Lycée de Beauvais
Correspondant du Ministère de l'Instruction publique
pour les Travaux historiques

AMIENS	PARIS
YVERT & TELLIER	HONORÉ CHAMPION
Imprimeurs	Librairie
de l'Académie d'Amiens	d'Histoire et des anciennes Provinces
37. RUE DES JACOBINS	9. QUAI VOLTAIRE (VIIe)

1905

L'Abbé NOLLET
Physicien

Son Voyage en Piémont & en Italie
(1749)

D'après le manuscrit inédit de la Bibliothèque de Soissons

PAR

G. Hector QUIGNON

Professeur au Lycée de Beauvais
Correspondant du Ministère de l'Instruction publique
pour les Travaux historiques

AMIENS	PARIS
YVERT & TELLIER	HONORÉ CHAMPION
Imprimeurs	Librairie
de l'Académie d'Amiens	d'Histoire et des anciennes Provinces
37, RUE DES JACOBINS	9, QUAI VOLTAIRE (VIIe)

1905

Extrait des Mémoires de l'Académie d'Amiens, année 1905.

L'abbé Nollet et l'expérience de l'étincelle électrique tirée du corps humain.

L'Abbé NOLLET
Physicien

Son voyage en Piémont et en Italie
(1749)

J. A. Nollet n'a jamais eu les honneurs d'une biographie attentive et précise, depuis l'hommage officiel et posthume qu'il reçut en 1770 du secrétaire perpétuel de l'Académie des Sciences, Grandjean de Fouchy. Il mérite cependant de sortir de l'obscurité d'un nécrologe et de la convention solennelle des biographies oratoires. La physionomie très nette et vivante du savant physicien, passionné pour la vulgarisation et les progrès des sciences positives, se retrouve dans ses communications à l'Académie des Sciences, dans ses récits de voyage, ou plus exactement dans le manuscrit de son voyage en 1749 en Piémont et en Italie, conservé à la Bibliothèque de la ville de Soissons. (1)

---

(1) Ms in-4° 0.22 × 0.16 carton rose, rel. veau, 221 feuillets écrits avec marge recto et verso : dates, notes et quelques dessins en marge. Pagination moderne par feuillets. Provient de la Bibliothèque des Prémontrés. Catalogue général des Mss III. p. 116, sous le n° 150. — J'exprime ici tous mes remerciements à mon collègue et ami Harlé, professeur au Collège de Soissons, qui m'a donné une première analyse du manuscrit, et à M. le maire de Soissons qui, sur l'avis favorable du bibliothécaire M. Judas, a permis le prêt du manuscrit aux Archives départementales de l'Oise où j'ai pu le consulter à loisir.

Né le 19 novembre 1700 à Pimprez, (1) dans le Noyonnais, d'une famille de cultivateurs, Nollet fit ses premières études de grammaire au collège de Clermont en Beauvaisis sous les principalats successifs de Jean-Pierre Barbault (1711-1713) prêtre du diocèse de Paris et de Pierre Roche (1713-1716) prêtre du grand vicariat de Pontoise. Fut-il amené dans le petit collège clermontois par des relations de famille ou par des recommandations ecclésiastiques ? Aucun témoignage ne nous éclaire là-dessus (2)

Il passa ensuite à Beauvais, au Collège, sous la direction de Charles Lévêque de la Roque qui était professeur de philosophie en même temps que principal. Il ne se sentit pas de goût pour faire en cette ville une philosophie terminée par la thèse latine publique — cet exercice scolastique à deux combattants jugés par un arbitre. Il voulait plus de vraie

(1) C'est la date admise par les biographes. Celle du baptême est donnée par le Registre pour l'année 1700 (Arch. mun. de Pimprez). « Le 29 décembre a esté baptizé Jean Anthoine, fils de Charle Nollet et Geneviève Champenois sa femme. Son parrein Jean Flobert qui a signé sa marreine Marie Joret qui a déclarée ne sçavoir signer.
Ont signé Jean Flobert et Moyen (curé de Pimprez) ».

(2) Voir E. Couard-Luys : *Le Collège de Clermont en Beauvaisis* dans *Mémoires* de la Société de l'Histoire de Paris et de l'Ile de France, t. XIII, 1886, p. 101, note 1. Il cite ce passage du Mémoire sur Clermont en Beauvaisis envoyé à dom Grenier, historiographe de Picardie, le 17 décembre 1767 par Le Moine, valet de chambre du Roi. (Bibl. Nat. Mss dom Grenier, 152). « J. A. Nollet puisa au collège de cette ville les premiers éléments des humanités. » Peut-être Nollet acquittait-il une dette de reconnaissance en léguant à l'hôpital de Clermont en Beauvoisis une somme de douze cents livres. (Voir son Testament, à l'Appendice). Il ne paraît avoir eu d'autre motif inspirateur de cette libéralité qu'un souvenir ému de ses premières années d'études sans doute gratuites.

science et moins de phraséologie. Un précurseur de l'abbé Nollet, Pierre Polinière, docteur en médecine et physicien, nous apprend dans une préface (1) que le goût de la physique s'était répandu depuis 1709 dans les collèges de Paris. Lui-même avait été le propagateur d'expériences suivies « dans les collèges de l'Université, dans celui des R. P. Jésuites et ailleurs »..... « Plusieurs professeurs de philosophie de Paris, des plus savants, ajoute-t-il, informés du succès de ces expériences souhaitèrent avec empressement que je les fisse en présence de leurs écoliers, m'invitant à travailler à ce livre, ce qui me détermina à le donner à imprimer. L'exemple de ces excellents maîtres fut imité non seulement dans le reste des collèges de cette grande ville, mais aussi dans plusieurs collèges des provinces où on entreprit de faire des expériences en suivant ce livre devenu public.

Cette nouveauté attira les assiduités de beaucoup de personnes de différents âges et de professions différentes avec une approbation générale. Tous ces habiles Professeurs, zélés pour l'instruction de la jeunesse qui leur est confiée, industrieux dans le bon choix de ce qu'ils enseignent et dans la manière de l'insinuer dans l'esprit de ce jeune âge, ayant remarqué l'attention de leurs écoliers, et le plaisir qu'ils prenaient à ce spectacle scientifique, s'en sont servis avantageusement pour leur apprendre d'une manière aisée et agréable ce qu'il y a de beau, de curieux, d'utile et de nécessaire dans la Physique,

(1) Expériences de Physique par M. Pierre Polinière, 3ᵉ éd. Paris, 1728. La 1ʳᵉ éd. est de 1709 ; la seconde de 1718.

leur faisant considérer ces effets comme des suites infaillibles et des démonstrations sensibles de la vérité des principes qu'ils avaient établis dans leurs écrits ».

Tel est, dans toute sa teneur, le certificat d'entrée de la physique dans l'enseignement secondaire. Nollet est peut-être le premier exemple d'une vocation décidée par ces premières notions expérimentales qu'il connut à Paris, à partir de 1718 : il les trouva plus à son gré que la théologie et l'étude des Pères ; il n'alla point au-delà des ordres mineurs dans la voie ecclésiastique et il devait dépasser Polinière dans la physique expérimentale.

Si Polinière, continuant le physicien amiénois Jacques Rohault, parle des expériences sur les aimants naturels qui firent surtout un grand succès de mode à Rohault, (1) en revanche il n'a que trois pages sur les « Expériences des corps électriques » : il ne s'agit, bien entendu, que d'électricité résineuse et vitrée obtenue par frottement. Polinière connaissait l'application de la roue du coutelier ou du potier d'étain ajustée à un globe de verre, animé ainsi d'une vive rotation, et les faits de répulsion et d'attraction électriques qui en résultaient : il ne voyait pas la cause mécanique de ces effets. C'est au premier expérimentateur d'électricité digne de ce nom, l'anglais Hawksbee, (2) que l'on devait depuis 1709 les données les plus probantes sur la nouvelle science à laquelle le nom de Nollet est surtout attaché dans la première moitié du XVIIIe siècle.

(1) Voir Pacaut, Mém. Acad. d'Amiens 1881 : le physicien Jacques Rohault (1620-1672).

(2) Course of mechanical experiments : London, 1709.

Nollet fut reçu d'abord à la Société des Arts établie à Paris sous la protection du comte de Clermont. Préparateur du physicien Dufay, il fit avec son maître, en 1734, le voyage d'Angleterre et il put y recueillir sur place les récents progrès de la science électrique qui s'était arrêtée de 1709 à 1729 par la faute des mathématiciens et des stériles discussions sur le newtonisme. (1 Nollet fut associé aux travaux de Dufay — huit mémoires présentés à l'Académie des Sciences de 1733 à 1739 — puis à ceux de Réaumur. Son voyage en Hollande et ses relations avec Muschenbrock et S. Gravesande lui donnèrent l'idée d'écrire ses premiers volumes, *Leçons de Physique* (2) que réclamait l'opinion, émue par des découvertes répétées. Avec méthode et dans un style plus clair que ses contemporains ou ses devanciers, Nollet vulgarisait une matière scientifique jusqu'alors restée dans le secret des laboratoires et sous le voile de la langue savante des initiés, le latin. Son cours de physique expérimentale professé bénévolement dès 1735 devint officiel en 1738 par l'agrément du cardinal Fleury et sur l'intervention de Maurepas.

En 1739, Nollet entra à l'Académie des Sciences et il fut invité par le roi de Sardaigne à faire, dans un cours à l'Université de Turin, une série d'expériences : Nollet eut un succès qui aviva l'intérêt pris à l'électricité en Italie et qui stimula les expérimentateurs. Sur les instances du roi, il laissa à Turin

---

(1 Histoire de la Physique et de la Chimie, par F. Hoefer, Hachette, 1872, p. 252.

(2) En 1749, les quatre premiers volumes avaient paru.

ses instruments de physique qu'il eut la satisfaction de retrouver dix ans plus tard en bon état, malgré les services qu'ils avaient rendus.

En 1739, Nollet revenait d'Italie sachant l'italien et avec le goût d'y retourner : ce qu'il fit quand il fut devenu une autorité et un arbitre écouté dans l'interprétation des données scientifiques.

La province était aussi friande que Paris de ce régal intellectuel nouveau : les académies des grandes villes rivalisaient d'ardeur à témoigner leur dévouement à la science, et, au premier rang, l'Académie de Bordeaux, héritière en 1739 d'un ami et ancien condisciple de Montesquieu au collège de Juilly, Jean-Jacques Bel, qui lui avait légué son hôtel, ses livres et ses instruments de mathématiques (1).

L'Académie, désireuse de donner en 1740 des cours publics de physique dans cet hôtel, s'entendit avec l'abbé Nollet pour le choix des instruments qu'elle devait acquérir : trois de ses membres, messieurs de Sarrau, le président de Lavie et le président Barbot, firent l'avance des sommes nécessaires : les expériences de Nollet suivirent aussitôt. Nous connaissons ce cours de physique par le manuscrit du professeur que la Bibliothèque de la Ville a hérité de l'ancienne Académie. (2) Montesquieu portait un vif intérêt à cet enseignement public : il juge un

(1) Voir *Bulletin* de la Société des Amis de l'Université de Bordeaux, 1801, n° 1. p. 25 : *Une lettre inédite de Montesquieu*, par M. Raymond Céleste, bibliothécaire de la ville de Bordeaux — que nous remercions de sa très-aimable communication.

(2) Ms 547 : Expériences physiques faites à Bordeaux par M. l'abbé Nollet en 1741, divisées en seize leçons : la dernière a pour objet l'Electricité.

peu sévèrement Nollet qui n'eut sans doute pas toute la serviabilité que les Bordelais réclamaient de lui.

Dans une lettre au président Barbot, secrétaire de l'Académie, il insiste fortement sur le devoir de faire des cours publics et gratuits de physique, à l'exemple de la Société royale de Londres, propagatrice de cette science, et il approuve le choix du successeur de Nollet, le P. François Chabrol, récollet, qui a laissé plusieurs travaux manuscrits sur la physique (1).

En 1742 l'enseignement inauguré par Nollet eut sa sanction dans le concours annuel où fut couronnée par l'Académie de Bordeaux la dissertation de Désaguliers sur l'Electricité des corps (2).

A Versailles, devant le Dauphin et l'élite des courtisans, Nollet présente une série d'expériences d'électricité, en 1744, en 1745 et en 1746; les gazetiers et nouvellistes en parlèrent comme de faits aussi nouveaux que mystérieux. En dédiant au Dauphin son *Essai sur l'électricité des corps*, (3) Nollet rappelle avec une certaine fierté cette consécration officielle par la cour de la curiosité du public, à Paris et en province, pour les énigmes de la nouvelle science; il remercie discrètement le Dauphin de la pension qu'il lui a accordée et qui lui permet de

---

(1) Bulletin cité p. 26. 27. « Il (le P. François) aura bien moins de difficultés à vaincre que l'abbé Nollet qui était, comme vous savez, un homme sans éducation. » La lettre de Montesquieu est datée de Paris, 20 décembre 1741. Ce reproche un peu vif s'explique seulement par des préventions personnelles, car huit ans après, en Italie, Nollet fut recherché dans la société qu'avait connue Montesquieu lui-même et à qui il sut plaire.

(2) F. Hoefer, ouv. cité p. 257.

(3) Paris, Guérin frères, 1746.

cultiver avec désintéressement une science utile.
« Monseigneur, ce volume que j'ai l'honneur de vous
« présenter vous rappellera les phénomènes élec-
« triques dont vous avez voulu être témoin plus
« d'une fois et que vous avez rendus par votre pré-
« sence et par l'attention que vous y avez donnée
« aussi célèbres à Versailles qu'ils l'ont été depuis
« dans les autres cours de l'Europe. En admirant
« ces merveilles, vous avez souhaité qu'on vous
« en apprit les causes..... »

« Merveilles », dit Nollet, car les savants eux-
mêmes ne pouvaient modérer l'expression de leur
émoi devant les faits nouveaux de l'électricité dont
les phénomènes tenaient du merveilleux. « Je n'ou-
blierai jamais, a écrit Nollet, (1) la surprise de M.
Dufay que je partageais moi-même, quand je vis pour
la première fois sortir du corps humain une étincelle
électrique. » Le mot *Electricité* était à peine vieux
de 50 ans dans l'usage de la langue latine écrite par
les savants, et, par un pressentiment singulier, le
public et les physiciens le réputaient plein de pro-
messes, gros d'une science d'avenir, en cette année
1746, heureuse année électrique qui comblait les
vœux des savants. Au mois de janvier Muschenbrock
avait écrit de Leyde à Réaumur et à Nollet la découverte fameuse de son condensateur électrique ou
bouteille de Leyde. (2) Nollet, outre ses expériences
si ingénieuses, donnait son premier livre sur l'Electricité, vite répandu, et le public s'entretenait avec

(1) Leçons de physique, VI, 408, cité par F. Hoefer, ouvrage
cité, p. 256.
(2) Nollet, Essai sur l'Electricité, p. 133.

passion des questions nouvelles agitées à l'Académie des Sciences, attendant l'éclaircissement de ces énigmes sans cesse confirmées dans leur caractère mystérieux en Hollande, en Allemagne, en Angleterre et en Italie.

L'histoire anecdotique a surtout retenu la transmission du choc électrique à grande distance par l'expérience de la corde de chanvre de plus de 400 mètres, et l'électrisation avec la bouteille de Leyde de 200 hommes sur deux rangs, dont chacun avait plus de 50 mètres de longueur. Nollet les raconte simplement, (1) comme il les faisait, sans exagérer, et devant un public trop porté déjà par une crédulité instinctive et superstitieuse à amplifier le pouvoir de l'opérateur.

Nous avons à ce sujet un curieux document figuré, une gravure de Brunet, d'après le dessin de Le Sueur, inscrite à la première page, avant le titre de l'*Essai sur l'Electricité*. C'est une scène à dix personnages dans le cabinet d'expériences de Nollet dont les planchettes murales sont chargées d'instruments divers. Au premier plan, à gauche, l'abbé, avec sa petite perruque à frisures, sans queue ni catogan, le rabat, l'habit de ville aux basques raides, aux manches larges et retroussées d'où bouillonnent les manchettes : les deux bras en avant, il tient de la main droite une baguette. Il explique l'expérience du jaillissement de l'étincelle électrique du corps humain. Au centre, un petit garçon couché, tête en avant, sur un plateau que retiennent au plafond quatre cordes; les bras pendants, une main au-dessus

(1) Nollet, Essai sur l'Electricité, III, 135.

d'une tablette chargée de feuilles métalliques et à portée de la verge de fer ; à droite sur un tabouret une bourgeoise telle que Chardin les peignait alors, en petite cornette de gaze à ruban tombant sur l'épaule, une pèlerine couvrant le buste d'où émergent les larges manches en dentelles : l'index de la main droite tendue vers le nez du jeune garçon, elle s'apprête à l'expérience que regardent curieusement quatre autres dames, à l'arrière-plan. Au premier plan, sur un tabouret s'étale un livre ouvert de physique qui symbolise la puissance occulte, mystérieuse en vertu de laquelle s'opèrent ces merveilles inexpliquées. Nollet semble un magicien dont la baguette dirige les phases d'un phénomène surnaturel. C'est bien là l'illustration d'une scène fréquente dans son laboratoire où il répétait surtout depuis 1744 « des expériences pour plus de 30 personnes à la fois, dans une chambre de 16 pieds de long sur 12 de large ». (1)

Les dames étaient surtout séduites par ces nouveautés, et certaines expériences prouvant l'action de la matière électrique à travers les étoffes et qui présentent, dit Nollet, un caractère admirable, semblent faites pour elles. Il en décrit une qui, en effet, est caractéristique. (2) « Que quelqu'un que l'on élec-

(1) Essai sur l'Electricité, p. 43. Il existe aussi une gravure de Moreau, représentant l'intérieur du cabinet de physique où Nollet et son préparateur font des expériences sur une table qui les sépare de 8 personnes (dont deux dames) assis sur des chaises à haut dossier. Au centre, au-dessus de Nollet un beau cartel ; des deux côtés divers instruments de physique. La scène est moins intéressante.

(2) Essai sur l'Electricité, p. 102-103. Cette expérience évoquera sans doute dans bien des mémoires ces danses lumineuses, ces féeries électriques dont nous avons raffolé à la fin du xixe siècle.

trise avec le globe tienne en sa main une verge de fer; si l'expérience se fait dans un lieu obscur et que l'électricité soit un peu forte, il se fera une belle aigrette au bout du fer et si on l'approche d'une personne qui soit vêtue d'une étoffe d'or ou d'argent ou qui ait beaucoup de galons à son habit, cette personne devient étincelante de toutes parts et chaque étincelle qui éclate lui fait sentir au travers de ses habits une piqûre qui va jusqu'à la douleur... J'ai vu quelquefois des robes ou des jupes qui devenaient si lumineuses qu'on en distinguait parfaitement le dessin et cette lumière se communiquait à tout un cercle de huit ou dix dames, quoiqu'on n'en touchât qu'une... »

En 1746, Nollet avait donc comme électricien interprété ou découvert le transport de l'énergie électrique à grande distance, l'extension des propriétés de l'étincelle électrique, par conséquent pressenti la force et la lumière. Il avait essayé, en théoricien cette fois, — dans ses mémoires à l'Académie d'avril 1745 et 1746, devenus la 3° partie de son Essai sur l'Electricité, — de formuler son opinion sur les causes de l'Electricité, et malgré ses lacunes, cette opinion est aussi un pressentiment des théories modernes qui voient en l'électricité un mouvement de transport ondulatoire ou vibratoire (1).

(1) Voir dans Mém. Ac. d'Amiens, les mémoires de C. Decharme et surtout 1886, p. 50. Expériences hydrodynamiques. On lira des articles d'un intérêt capital de P. Duhem dans *Revue générale des Sciences*, t. XIV, 1903, sur l'Evolution de la mécanique et principalement la conclusion, p. 428, 429. P. Duhem a aussi écrit dans Revue des questions scientifiques, 2° série, III, 1894: *Quelques réflexions au sujet de la physique expérimentale.*

Mais Nollet restait un savant positif : il avait au sujet de l'imagination dans les sciences expérimentales une défiance devenue assez ordinaire en notre siècle qui a lu et pratiqué l'*Introduction à l'Etude de la médecine expérimentale* de Claude Bernard, mais bien moins commune et même remarquable chez un savant de 1746. « L'Electricité, écrivait-il (3ᵉ partie. p. 139), qui se manifeste par tant de phénomènes différents, peut venir primitivement de quelque principe unique, d'un mécanisme peut-être fort simple que la nature dérobe à nos yeux et dont les effets se multiplient et varient sans cesse par des combinaisons de circonstances dont nous ne prévoyons pas bien les suites... Plus je désire le connaître, plus je suis résolu de ne le point deviner au hasard : je me défie de l'imagination toujours prompte à former des systèmes et toujours prête à prendre et à donner pour réel ce qui n'en a que la seule apparence. Si je laisse agir la mienne, je ne prétends pas que ce soit pour me suggérer rien qui porte sur l'existence des faits, mais seulement sur la liaison et sur les rapports qu'ils peuvent avoir entre eux : en un mot, si *j'essaye de deviner ce que je ne vois pas, je veux que mes conjectures soient fondées sur ce que j'ai vu* ».

C'est la règle absolue de la méthode positive dans les laboratoires modernes d'où sortent toujours d'admirables découvertes — parfois si déconcertantes qu'on se demande si la science ne va pas être dans l'obligation de renouveler de fond en comble son édifice si laborieusement construit. (1) Cette

(1 Qu'on pense à la découverte du *radium* et à toutes les dissertations scientifiques écloses là-dessus : il y a eu tout de suite place pour les hypothèses philosophiques et métaphysiques plutôt que pour des inductions de science expérimentale.

prudence en 1746 devant des faits capables de tourner la tête à d'autres esprits est presque de la fermeté d'âme.

Et cependant Nollet, s'il avait des émules, n'avait point trop d'imitateurs de sa réserve scientifique. Il lui vint en 1747 et 1748 de singulières nouvelles d'Italie. Le médecin Bianchi aurait fait à Turin des expériences heureuses de purgations électriques. François Vérati, de l'Académie des Sciences de Bologne, aurait inauguré avec succès une science nouvelle alors et qui a sa renaissance moderne « l'Electricité médicale » ou l'Electrothérapie, (1) en l'appliquant aux maladies cutanées ou nerveuses, rhumatismes, sciatiques, paralysies, etc. Un livre même, imprimé à Lucques en 1747 et à Venise en 1748, *Della Ellettricita medica* par Vérati, aurait propagé ces fallacieux espoirs de l'humanité qui exige de toute science dès ses plus modestes débuts — souvent avec une confiance prématurée — un soulagement certain de ses souffrances éternelles. (2) Nollet avait l'impérieux désir de se rendre compte par lui-même de ces prétendus miracles scientifiques.

Il fut, sur ces entrefaites, invité par le roi de Sar

---

(1) Voir l'*Année électrique* du Dr Foveau de Courmelles depuis 1901. Les Congrès de Paris et de Berne (1902) ont sanctionné l'Electricité curative ; un ouvrage du Dr Foveau de Courmelles porte ce titre.

(2) La science italienne a surtout pensé au xviiie siècle, aux applications de la physique à l'art de guérir : c'est le physiologiste Santorio Santori qui a vu dans le thermomètre, approprié, un indicateur de la fièvre. Voir dans *Revue des Deux Mondes*, 15 Juin 1895, un article de P. Duhem sur les théories de la chaleur et les précurseurs de la Thermodynamique (869-901).

daigne Charles Emmanuel III à venir répéter à la Cour de Turin pour l'instruction du duc de Savoie, prince héritier, les expériences faites à Versailles pour l'instruction du Dauphin. Cette émulation royale était des plus flatteuses pour Nollet. Le roi d'ailleurs était moins inspiré par la mode de la cour de France que par des motifs plus sérieux. Il pensait à assurer la vitalité de son Université de Turin, et peut-être à créer une Académie des Sciences de Turin — pensée réalisée plus tard par son successeur, l'élève de Nollet ; (1) il avait aussi la secrète idée de charger le physicien français d'une mission particulière en Italie et en France pour l'organisation de l'enseignement scientifique et pour la constitution par achat ou autre moyen des collections utiles. (2)

D'autre part Nollet se donnait par conscience la mission de renseigner l'Académie des Sciences sur l'état de l'Electricité en Italie et sur les nombreuses leçons d'expérience — nous les appellerions leçons de choses — qu'il espérait rapporter d'Italie, touchant l'industrie et le commerce, les curiosités naturelles de ce pays, etc.

C'est ce qu'il envoya, comme correspondant, dès avant son retour d'Italie sous le titre modeste

(1) Victor-Amédée III, devenu roi le 20 février 1773, fonda l'Académie des Sciences et l'Observatoire de Turin en 1783. Voir marquis Costa de Beauregard, Mémoire historique sur la maison royale de Savoie, Turin, 1818, 3 vol. Bibl. Nat. Lm³, 843.

(2) C. de Beauregard ouvr. cité, II, p. 143. Par des missions à l'étranger, en Saxe, Hanovre, Tyrol, Charles-Emmanuel forma des métallurgistes, grâce surtout au chevalier de Robilant, de retour de mission en 1751.

Vitaliano Donati étudiait aussi alors les mines et les carrières du Piémont.

d' « *Expériences et observations* faites en différents endroits de l'Italie » d'abord sur l'Electricité, puis sept autres communications dont les dernières sont des lectures présentées par lui-même aux séances de 1750. (1) Il exposait les résultats pratiques de son voyage sur la botanique et l'agriculture, sur l'industrie et les produits du sol (maçonnerie, architecture, stuc), sur les insectes phosphorescents, enfin sur les sources d'eau soufrée, sur la célèbre grotte du chien et sur le Vésuve. Il rassurait ses collègues avec un bon sens avisé où l'on aime à retrouver un trait du tempérament picard. « L'obligation de dire vrai — proclamait-il avec une réelle fermeté — à laquelle il convient à des philosophes encore plus qu'à toute autre personne de sacrifier tout respect humain ne me permet pas de dissimuler que mes recherches faites avec toute la diligence possible et sans autre intérêt que celui de savoir la vérité m'ont laissé voir assez clairement qu'on avait beaucoup exagéré les faits. Je suis prêt à croire que c'est la faute des malades qui, prévenus peut-être par un trop grand espoir et possédés par une espèce d'enthousiasme, en ont dit et fait écrire plus qu'il n'y en avait. La plupart des guérisons électriques de Turin n'ont été que des ombres passagères qu'on a prises avec un peu trop de précipitation ou de complaisance pour des réalités ».

Nollet ne regretta pas d'avoir fait le voyage d'Italie pour s'assurer « de la crédulité des savants italiens, qui leur fait tirer des conséquences de faits insuffisamment démontrés », ce qui est l'ordinaire erreur

(1) Histoire de l'Acad. des Sciences. Année 1749, p. 444-488; p. 54 à 106. Année 1750,

des esprits moins formés à la méthode expérimentale qu'aux pauvres raisonnements scolastiques. Il resta éloigné de France plus de six mois, d'avril à novembre, passa à Turin deux mois et voyagea trois mois en Italie, sans d'ailleurs dépasser Naples. Il terminait ainsi ses rapports à l'Académie. « Voilà
« tout ce que j'ai cru pouvoir offrir à l'Académie des
« observations et des expériences que j'ai faites dans
« le cours de mon voyage : les autres remarques
« dont mon journal-itinéraire se trouve encore
« chargé ou ne portent pas sur des sujets dont
« l'Académie ait coutume de s'occuper ou ne me
« paraissent point assez importantes pour mériter son
« attention : je les réserve pour mon instruction
« particulière ».

II

Comme Nollet, certains voyageurs du xviiie siècle en Italie ont mis une discrétion excessive à garder pour eux ou pour un petit cercle d'amis les impressions de leurs voyages d'études ou d'agrément. Les voyages de Montesquieu en Italie, en Allemagne et en Hollande (1728-1729), sont restés enfouis dans les cartons d'archives du château de la Brède jusqu'à la date récente où la famille de Montesquieu s'est avisée, avec le concours de la Société des Bibliophiles de Guyenne, de publier l'importante collection des écrits inédits du grand philosophe observateur. (1) Les lettres familières écrites d'Italie à ses amis de Dijon par le président de Brosses (1739) ont circulé

(1) *Voyages de Montesquieu*, publiés par le baron Albert de Montesquieu, Bordeaux, Gounouilhou ; Paris, J. Rouam, 1894. Bibl. nat. 4º G, 620. Le voyage en Italie est dans les vol. 1 et 2.

un demi-siècle manuscrites. Elles ont été copiées en 1793 par un sieur Sérieys qui était alors commis à la garde des papiers saisis chez les émigrés et qui les fit imprimer en 1799, à un moment où la campagne d'Italie donnait un regain d'actualité à la riche collection d'œuvres d'art de la nation vaincue et spoliée. (1) Le public a connu seulement par une indiscrétion vulgaire ces lettres qui, cinquante ans auparavant, avaient charmé l'élite de la société bourguignonne réputée bon juge en matière d'esprit. Est ce à dire que l'amour-propre d'auteur fût capable de tels sacrifices en ce siècle si littéraire et que le nôtre, si peu modeste, puisse en imiter la discrétion ? — A côté des Montesquieu et des de Brosses il y a hélas ! Dupaty (2) dont le pédantisme exclamatif et froidement superficiel nous semble si suranné, Dupaty prétentieux qui renvoie pour les faits au *Voyage d'Italie* de Lalande, de l'Académie des Sciences, mais qui garde pour lui le sentimentalisme maniéré, cette fausse monnaie de la critique d'art. (3)

(1) *Revue des Deux Mondes*, 1888, I : La querelle du président de Brosses avec Voltaire, par Cunisset-Carnot, p. 880, note 1.
(2) Lettres sur l'Italie en 1785, 2 vol. Rome et Paris, 1788. Bibl. nat. K. 1199 F-1. Il dit de la Vénus Médicis à Florence : « L'œil descend ou plutôt il glisse de beauté en beauté, de grâce en grâce, de charme en charme, et suivant la ligne la plus fugitive, du sommet de ce front divin à l'extrémité de ce divin pied sans pouvoir préférer rien, sans pouvoir jamais s'arrêter : il n'ose reposer sur ces doigts, tant ces doigts sont délicats ; il n'ose s'appuyer sur ce sein, il est si pur... » p. 147, 148.
(3) Il raconte un déjeuner à Tivoli : « Nous récitions des vers d'Horace et de Properce à l'envi ». Il note : « Vers la fin du repas l'arrivée imprévue d'une charmante Tivolienne qui nous apportait du lait blanc et pur, comme ses belles dents et des fraises aussi vermeilles que ses jeunes lèvres, qui rougissait de nos souris et de nos regards. » p. 256, 257.

Les contemporains du milieu du xviii° siècle prenaient-ils tous leur parti de la discrétion des auteurs de notes de voyages ? Certes ils les faisaient causer: ils obtenaient d'eux des récits vifs et animés, des répétitions claires et colorées de ces pages de journal qui sommeillaient au fond d'un tiroir de cabinet. Et quel plaisir délicat eût fourni la lecture de ces pages intimes dans un cercle de conversation comme les Académies provinciales d'alors ! Nollet n'était-il pas assez connu pour être sollicité sans pouvoir se dérober ? — Est-il bien sûr que Mgr le duc de Chaulnes, son collègue à l'Académie des Sciences, l'éminent protecteur de la Société littéraire d'Amiens, n'ait pu requérir, en sa qualité d'amateur de physique et d'admirateur de Nollet, une lecture privilégiée pour ses amis lointains ? Et Nollet lui-même aurait volontiers envoyé son manuscrit à l'érudite société Amiénoise de 1750. — Ces aimables magistrats, avocats, ecclésiastiques, officiers du Roi ou de finances, hommes de goût et d'étude, philosophes ingénieux, poètes de salon, médecins et chirurgiens en quête de studieuses conversations, lisaient le *Journal des Savants* en le commentant très savamment. Ils se donnaient le régal — certes sans pédantisme conscient, — de pages de grammaire à discuter, de dissertations à écouter. N'auraient-ils pas pris plaisir à suivre Nollet dans un voyage en cette terre bénie des arts et de l'antiquité classique, sûrs de trouver en lui un guide original et véridique ? — Peut-être n'auraient-ils pas exigé — et avec raison — du physicien la compétence esthétique d'un professeur d'art, comme Charles-Nicolas Cochin qui, justement, en décembre 1749, partait en compagnie du frère de Madame de Pompadour, le jeune marquis de Vandières — un futur directeur des beaux-arts, — pour la plus admirable initiation du Beau que puisse rêver un esprit cultivé. (1)

Pour un homme de 1749 tout voyage à l'étranger, en pays de civilisation privilégiée, était un voyage d'études, un complément d'instruction, une addition à l'acquis des livres par la lecture dans « le grand livre du monde », comme disait déjà Descartes. C'était un voyage coûteux que pouvaient seuls se permettre les fortunés d'entre les gentilshommes, bourgeois lettrés, ou grands seigneurs de lettres, un Buffon, un Montesquieu, qui après l'Angleterre voulaient voir l'Italie, un président de Brosses qui voyageait avec de gais camarades bourguignons parmi lesquels le médiéviste Lacurne de Sainte-Palaye. Un voyageur d'alors savait trouver en Italie mieux ou du moins autre chose que l'Italie artistique, que la beauté tout extérieure, naturelle ou artificielle de ce pays, grand favori de l'imagination poétique. C'étaient le pays et la race, le gouvernement, la société mondaine et savante, le clergé, le peuple qui travaille, les artisans et les manufactures. Chacun ne voit-il pas selon l'éducation de ses yeux et surtout selon la volonté qui dirige son intelligence ?(2)

(1) Voyage d'Italie ou recueil de notes sur les ouvrages de peinture et de sculpture qu'on voit dans les principales villes d'Italie, 3 vol. petit in-8. C'est le 1er guide, vraiment technique. Marmontel dans le Mercure d'Août 1758 — et Diderot — ont vanté les notes d'art de Cochin. (Voir *Marmontel*, par S. Lenel, p. 144. Paris, Hachette, 1902).

(2) Voir George Tattegrain : *l'Education de l'OEil et l'Art de Voir*. — Mém. Acad. d'Amiens, 1898 et Tiré à part. « Vouloir regarder avec sa pensée et penser avec son œil », p. 33.

Aujourd'hui — règne de l'imitation et de l'habitude — pèlerins d'art ou de religion, flots de touristes modernes, couples enamourés traversent l'Italie comme un décor de féerie, d'une course rapide, selon l'horaire fixé par les livrets-guides : ils ne connaissent que les étapes des voies ferrées ; ils s'extasient devant des beautés connues et réputées depuis quatre siècles ; ils expriment pour leur compte, en redites voulues ou inconscientes, les formules admiratives par lesquelles des âmes d'hommes du Nord ont toujours traduit l'émotion devant l'œuvre riche en couleur du midi, la beauté païenne qui dit l'intensité de vie, la beauté chrétienne qui amoindrit la vie au profit de l'irréel. Et l'Italie est entrée dans les mœurs et dans les livres, dans les romans et dans le snobisme d'hier et d'aujourd'hui. (1) Des héroïnes bizarres et maladives, des Madame Gervaisais, ont eu leurs sensations d'Italie après et d'après leurs romanciers. Aujourd'hui chaque ville d'art a son livre, ses dévots et son culte. « Puissiez-vous jouir de vos yeux ! » disent les petits mendiants grecs de Corfou en offrant des fleurs. Bourget, qui cite ce symbole de la nouvelle foi dans la sensation d'art, n'en est-il pas lui-même une victime ? Notre sensibilité gauloise résiste-t-elle encore assez au contact de cette terrible ensorceleuse de notre race qui nous a faits ses fils d'imagination, plus

(1) L'Italie géographique, ethnologique, etc.. publication Larousse. Introduction de René Bazin. « Sachez, dit-il, p. 15, pour la joie de votre esprit, abandonner un peu le fétichisme du monument. Allons chez eux à petites journées et à petits jugements, provisoires, révocables, point solennels du tout (p. 11). »

que nous ne sommes descendants directs de la terre de France ?

L'avaient-ils pu prévoir cette fièvre d'art, les premiers atteints du mal par l'humanisme de la Renaissance ? — Certes, non. Ces robustes tempéraments ont foulé le sol de l'Italie avec le respect de l'antiquité, philosophes méditant en vers sur des ruines et cherchant sur place les témoignages de la grandeur romaine : ils n'avaient pas voulu voir l'Italie des primitifs et des Médicis. Pour n'en citer que deux, le premier, un Clermontois en résidence à Turin près de deux siècles avant Nollet, le poète-médecin Jacques Grévin, a dédié 24 sonnets sur Rome à sa protectrice Marguerite de Savoie. 1) Il n'a vu dans Rome qu'un souvenir, une ombre sur laquelle soupire sa mélancolie d'humaniste exilé. Le second, c'est Montaigne dont on a publié le voyage en Italie de 1580 et 1581, en 1774, avec une dédicace à Buffon, en un temps où l'on parlait beaucoup de l'Italie, mère des arts. Ce livre rapide, simple mémorandum, dicté par un malade au gré de son humeur et de sa santé, où passent signalées par quelques notes brèves Vérone, Vicence, Padoue, Venise, Rovigo, Ferrare, Bologne, Florence et Rome, à l'aller, et au retour après les eaux de Lucques, Fornoue, Plaisance, Pavie, Milan, Novare, Verceil, Turin — avait beau être signé de Montaigne ou à peu près. Les

1) Voir Lucien Pinvert : Jacques Grévin, thèse de doctorat. Paris, 1899, A. Fontemoing. Voir aussi Brunetière, *Revue des Deux Mondes*, 15 mai et 15 septembre 1900 et Gaston Varenne, *Essai sur l'Œuvre de Jacques Grévin*, Beauvais, 1898, p. 84 et suivantes.

contemporains mieux informés par des observateurs plus précis souffrirent de ce pénible anachronisme, tandis qu'au contraire le livre de Charles de Brosses eut sa publication contemporaine des victoires de l'armée d'Italie en l'an VII : il semblait signaler à l'admiration française le butin artistique alors apporté au Louvre par les généraux de la République.

Les lettres du président de Brosses, contemporain de Nollet, ont été, jusqu'à la publication des *Voyages de Montesquieu* en 1894, par le baron Albert de Montesquieu, le seul récit de voyage en Italie, avec lequel la comparaison du Journal de Nollet pût être utile et instructive. De Brosses a voyagé en 1739 en compagnie de cinq camarades « patriciens dijonnais » comme lui. Pour ses amis restés à Dijon — un cercle sympathique où l'on causait, où l'on tenait commerce de galants propos, — il écrit des impressions souvent complaisamment étendues, monologues qui seront matière plus tard aux belles conversations. Critique d'art qui sait bien voir, sans abdiquer goûts et préférences, il rédige pour son ami Quintin, procureur-général, des catalogues d'œuvres d'art avec jugements sommaires. (1) A un autre ami sont adressés des compliments galants pour les dames, des histoires badines. Buffon mérite comme naturaliste une description soignée du Vésuve : il l'obtient. De Brosses a la coquetterie du style et il tourne la phrase avec enjouement, comme s'il était dans un cercle « de conversation », comme

---

(1) « Je joins un nombreux catalogue de tableaux en faveur du goût dominant que nous avons pour la peinture M. le procureur général et moi, » I, 69. Edition de l'an VII, Paris, Ponthieu, 3 vol.

s'il cherchait les sourires approbateurs, certain d'être compris à demi-mot et goûté dans les nuances. Il a la gaîté d'imagination : en art, en sciences, en littérature, en musique, il a mieux qu'une opinion « d'honnête homme » et il se sent auteur puisqu'il prend plaisir à rectifier les voyageurs ses devanciers; car en 1739 il y avait déjà une littérature spéciale, celle du Voyage en Italie. D'ailleurs ces notes de voyage tenaient lieu des livrets-guides qui n'existèrent pas avant le début du xix° siècle et plus d'un voyageur français en Italie emporte dès lors dans sa valise les lettres de Brosses pour être sûr de ne rien oublier de ce dont il fallait parler plus tard « dans les cercles des dames ». (1)

Avec ses lettres de recommandation pour la société polie et littéraire, pour le monde diplomatique, de Brosses se trouve en 1739 en contact avec le même monde que Nollet en 1749; il suivit à peu près le même itinéraire ; il séjourna aussi longtemps dans les mêmes villes : il fit les mêmes observations avec plus de malice et même de causticité que Nollet; celui-ci de son côté nota des détails positifs dont ne s'avisa point le spirituel magistrat. Il faut s'en référer souvent à de Brosses pour comprendre la probité du talent de l'abbé physicien, sa netteté d'observateur précis et même un peu sec. Si dans le parallèle Nollet fait mieux concevoir comment et dans quelle mesure de Brosses est un écrivain, de Brosses prouve combien attentive et sagace fut la modeste vision de Nollet. Ce physicien-voyageur qui

(1) « Vous ne serez pas fâché, dit-il à un ami, quand vous viendrez à Milan d'être au fait de ce qu'il y faut voir. » I, 115.

n'écrivit que pour lui-même témoigne partout d'un intéressant et probe caractère. Cette lecture substantielle et simple repose des raffinements d'art — comme une chère sans façon remet un estomac fatigué des succulences recherchées et des friandises luxueuses.

Vingt ans avant Nollet, Montesquieu avait visité pour son instruction pratique, politique et artistique, le Piémont et l'Italie et « il avait jeté sur le papier, « pour lui-même, des notes prises au jour le jour et « destinées seulement à lui rappeler le souvenir de « ce qu'il avait vu et entendu sur sa route ». (1) Arrivé à Venise à la mi-septembre de 1728, il resta plus de deux semaines à Turin (18 octobre-5 novembre) qu'il trouva ennuyeux ainsi que Gênes. Il passe deux mois sur le chemin de Rome : il y fit un premier séjour de trois mois avant d'aller à Naples 15 janvier-20 avril 1729) et, à son retour de Naples, un second séjour de près de deux mois. Pour revenir en France, il prit encore le chemin des écoliers et des philosophes par le Tyrol, la Bavière, les Bords du Rhin, la Hollande.

On saisit dans les simples notes de Montesquieu, dans l'esquisse de ses mémoires et dissertations, l'homme qui pense et qui, en cherchant le détail de la vie sociale, reste sensible au beau : c'est une vive intelligence qui, au contact des beaux-arts, paraît dans toute sa finesse de compréhension. Sa sensibilité précise les nuances en découvrant les principes d'une vérité d'art aussi logiques que les principes de

1) Préface à l'ouv. cité par le baron Albert de Montesquieu.

toute autre vérité de science humaine. (1) Il sait s'intéresser aux revenus du roi, aux chanvres de Bologne, aux chiffres du commerce de la soie de Turin, comme Nollet ; mais il lui est supérieur en y joignant le sens politique qui lui fait juger les républiques d'Italie, (2, la vie de la noblesse et du peuple, et surtout le sens artistique. Visitant avec Bouchardon la villa Borghèse, il s'assimile aussitôt comme moyens d'intelligence des œuvres l'acquis récent de la conversation de l'artiste. Il parle en connaisseur des loges de Raphaël : (3) il en a compris la technique et il a retenu pour son esthétique personnelle des règles simples, préoccupé, non d'en dire beaucoup comme de Brosses, mais d'en comprendre beaucoup, d'en noter les vérités lumineuses qui échappent à Nollet. En somme, Montesquieu découvre les idées en grand esprit qui, sans vouloir écrire, trouve souvent le relief de l'écrivain : de Brosses, en amateur informé qui cherche ce relief avec un talent de second ordre, mais d'imagination

(1) I, 241, 265. Règles générales sur le dessin des statues, sur la saillie des muscles. Règles de peinture au sujet des ombres, des demi-teintes et des plans (249-257) Différence des monnaies antiques véritables et des fausses : patine, lettres, retouches (262 . Il tient sans doute de Bouchardon une remarque sur la sculpture antique des enfants : les anciens leur ont donné un air trop formé, ou n'ont pas bien exécuté les proportions.

(2) I, 242. Il cause avec Albéroni de politique espagnole. « Les républiques d'Italie (p. 273) ne sont que de misérables aristocraties... où les nobles sans aucun sentiment de grandeur et de gloire, n'ont d'autre ambition que de maintenir leur oisiveté et leurs prérogatives ».

(3) I, 259. Il a pressenti la règle de composition ordinaire à Raphaël, le triangle.

gaie et subtile ; Nollet est un esprit moyen qui s'attache aux leçons utiles des réalités ; il voit, avec le bon sens et la curiosité positive de sa génération, celle pour qui l'Encyclopédie a été faite. C'est avec des notes comme les siennes que les encyclopédistes rédigèrent leurs articles : lui-même aurait pu être chargé des sujets dont il avait les matériaux. Son cahier de Voyage semble un recueil de notes destinées à servir à des études postérieures de vulgarisation, comme on a commencé à les aimer de son temps. Il est un témoin, bien loin des grands écrivains et des talents distingués, un témoin qu'il est utile d'interroger dans l'histoire de l'opinion et des idées d'un siècle dont les moindres étapes ne sauraient être négligées, et cette date de 1749 est, certes, d'une importance capitale.

III

Nollet partit de Paris par la diligence de Lyon le 27 avril, à 4 heures du matin : les relations s'établissaient vite entre compagnons de route. Balzac n'a-t-il pas bâti tout un roman: « Un début dans la vie » sur la légère trame de conversations dans la diligence de Paris à Presles ? — Nollet voyage avec deux officiers, un vieillard, deux Marseillais et un dessinateur d'étoffes qui revenait de Paris à Lyon. Il ne perdit pas cette belle occasion de s'instruire des procédés industriels.

« Il m'apprit en chemin que les fabricants de Lyon se cachent les uns aux autres les dessins qu'ils font faire, et qu'ils ne font jamais voir leurs nouvelles étoffes avant d'avoir fait leurs principaux envois à Paris et ailleurs ; et la plupart envoient leurs dessinateurs passer deux ou trois mois à Paris pour avoir connaissance des dessins des autres et pour savoir ceux qui ont le mieux réussi ».

Dans le bateau de la Saône une conversation anecdotique sur les familles prolifiques du Bugey le retient plus que de raison avec des paysannes ; mais à Thoissey il note avec soin qu'on fabrique des indiennes ou toiles peintes, et à Lyon, en attendant le souper, pendant que ses camarades vont à l'Opéra, il passe la soirée à causer du Bugey, de ses chanvres, de ses noyers, de l'élevage : il sait avec satisfaction qu'on y vend le chanvre sur le pied de 32 à 36 livres le quintal, qu'une partie sert à la marine, l'autre fournit des toiles de table et des bazins.

Il touche — sur une inscription prise à Paris — au bureau des fermes à Lyon, son argent de route : c'est le chèque moderne de voyage sur les établissements de crédit. Il n'oublie pas de faire visite aux Jésuites : le P. Béraud lui montre son laboratoire et ils y essayent quelques expériences d'électricité. Nollet a vu une assez belle collection de médailles et d'antiquités appartenant à ce physicien archéologue.

Il fait marché avec un voiturier de Turin pour le transport en chaise et, entièrement défrayé sur la route, moyennant le prix de sept louis de France, il s'applaudit de son choix et de cette convention qui lui supprime tout ennui : parti le 3 mai, après-midi, il couche à la Verpillère, dîne à la Tour du Pin,

arrive le soir à Pont-de-Beauvoisin : (1) il était le 5 à Chambéry, le 7 à Saint-Jean de Maurienne : il a remarqué tout auprès, à Argentières, une mine de plomb qui, jusqu'à la guerre dernière, lui a-t-on dit, était affermée par des Anglais. A La Chambre, il s'étonne du déboisement rapide : « Nous rencon-
« trâmes, dit-il, plusieurs moulins à planches où l'on
« refend une grande quantité de sapins qui crois-
« sent sur la montagne et qu'on ne fait que rouler
« en bas quand on les a coupés. » Au pied du Mont-Cenis, il est effrayé des précipices qui bordent le chemin abrupt et il songe, comme le ferait « à la bonne franquette » un voyageur d'aujourd'hui : « Il
« faut qu'il n'y ait point là d'ivrogne, ou s'il y en a,
« on ne peut en conscience les laisser aller sans
« qu'on les tienne. » Les usages et les costumes le frappent autant que les richesses du sol — dont ils sont une autre émanation spéciale. « Ces abîmes
« sont habités par des gens qui n'ont point l'air
« misérable : les jeunes paysannes y sont bien et
« proprement vêtues, et l'on en rencontre beaucoup
« de fort jolies. J'ai remarqué que depuis dix ans
« elles ont quitté cette maussade manière qu'elles
« avaient de porter des jupes liées sous leurs ais-
« selles : il n'y a plus que les vieilles femmes qui se
« mettent à l'ancienne mode : les autres laissent voir
« leur taille et s'en font honneur... Elles portent de
« petites coiffures blanches de bon goût. » (2) L'abbé

(1) Ms. 4 v°. « Depuis Lyon jusqu'au pont de Beauvoisin le chemin est beau, le terrain assez plat. Nous bûmes dans les auberges un vin rouge assez bon, un peu d'âcreté cependant et ressemblant un peu à celui de Bordeaux. Nous remarquâmes dans tout ce trajet une grande quantité de noyers : les terres y sont bonnes et bien tenues. »
(2) Ms. p. 8. r°.

Nollet n'en manque pas lui aussi ; il ne se croit pas obligé de s'en taire, même sur ce chapitre délicat. Il continue en expliquant le passage difficile de la montagne à mulets et la descente à la Novalèse en chaise de paille, soutenue par deux hommes, descente de deux lieues très-rude : il a voulu savoir le prix de chaque mulet, 20 sols, et de chaque homme, 50 sols, frais payés par le voiturier ; il ne lui en coûta que des étrennes. Toujours homme pratique il s'enquiert de l'exploitation de la carrière royale des marbres de la vallée de Suze : le voici en Piémont, il arrive à Turin le 11 mai, et dès le 12 il obtient audience du roi (1) qui lui donne un appartement, un carrosse à volonté, et toutes sortes d'aises, après ses leçons avec le duc de Savoie qui ont lieu tous les matins de huit heures à onze heures, dès les premiers jours, puis, après interruption, du 13 Juin au 22 : Nollet a donc une grande liberté pour ses visites, ses enquêtes, pour sa vie mondaine, ses goûts de savant et ses observations pratiques, et son séjour de plus de deux mois à Turin, jusqu'au 16 Juillet, fut des mieux remplis, en dehors du service du Roi.

.·.

1) A la Vénerie que Montesquieu décrit ainsi en 1728 : « Les jardins sont très grands et ont été faits par le Nôtre... Les écuries sont belles et ressemblent en grandeur à celles de M. le Duc, à Chantilly (110). Le Roi a à la Vénerie, ses cens, son bled, ses foins. Il sait tout le détail de l'agriculture. Il a 3 ou 400 chevaux dans ses écuries ou de ses gardes qui engraissent ses terres qui sont mauvaises et ses prés qu'il a faits ».
Et de Brosses en 1739, XIV, 389. « Le roi était à la chapelle : sa figure est désavantageuse : il est de petite taille et de mauvaise mine, mais il est laborieux, intelligent, grand politique, brave et habile dans l'art militaire » Nollet n'a pas cette liberté de ton.

C'est celui-ci, naturellement qui passe en première ligne : Nollet lit au prince son élève, un jeune homme de 23 ans, ses livres sur l'Electricité.

Il fait des expériences avec le microscope solaire devant la Cour ; le 4 Juillet, à 9 heures du soir, après 35° de chaleur, il répète devant le roi et la famille royale de belles expériences électriques qui réussissent. Il construit un baromètre pour le cabinet du duc de Savoie ; il est chargé d'examiner des projets de pompes à incendie présentés au Roi par différents inventeurs : dans son rapport motivé, il indique les imperfections des pistons et des autres rouages (1). Il est investi par le Roi de la mission de contrôler des aimants d'Angleterre reçus par le duc de Savoie et de recueillir en Italie des curiosités naturelles pour le cabinet de l'Université de Turin (Ms p. 78) puis aussi d'acheter à Lyon le cabinet Pestalozzi. Nollet l'avait vu en 1739. « La collection des sels et pétrifications est ce qui m'a paru de mieux suivi et de plus complet ». (Ms p. 219 v°). A son retour en France, il en fit dresser un inventaire et une estimation.

.·.

Recherché par les savants de Turin, il passe avec eux de bons moments : il cause ou fait des expériences, et d'abord il s'inquiète auprès du cardinal des Lances des expériences électriques de Bologne : le Cardinal les a vues dans la maison de M. Vérati ; mais il n'est pas convaincu et il met Nollet en défiance contre la sincérité expérimentale de Bianchi.

(1) Ms 75 r° et v°, 78 et suiv.

Nollet est bientôt fixé lui-même et il se hâte d'envoyer à l'Académie des Sciences son rapport. (1) L'abbé Pagini lui montre la bibliothèque de l'Université et un cabinet de curiosités antiques, un médaillier ; Nollet est consulté comme arbitre sur l'efficacité de la médication électrique par le duc de Bellegarde, ministre de Pologne. Après le dîner auquel il avait invité Nollet, Bellegarde le pria d'électriser son fils, un enfant de douze ans, sourd depuis deux ans. L'abbé physicien s'informe des accidents qui ont précédé et accompagné l'incommodité et ne juge point à propos de tirer de la partie affligée aucune étincelle électrique. « Je remis « à mon retour à Paris de consulter sur cette « maladie des gens de l'art pour envoyer leur avis à « M. de Bellegarde ». Il restait logique et ne s'embarquait point dans l'aventure qu'il reprochait justement à Bianchi.

.ˑ.

La vie mondaine de Nollet est des plus agréables, car l'aristocratie piémontaise s'empresse à fêter un savant honoré de la faveur du Roi. Le marquis d'Orméa le mène à la Comédie française, petit théâtre appartenant au prince de Carignan.

Toutes les loges y sont louées pour trois mois par la noblesse, et chaque famille a la sienne. Néanmoins chaque spectateur, même ayant part à une

(1) Les expériences infructueuses sur les purgations électriques et la transmission des odeurs eurent lieu chez le duc d'Orméa qui possédait une machine électrique. Bianchi fut confondu : il couvrit sa défaite de la raison ordinaire ; « nous ne pouvons électriser (la malade) en votre présence, comme il faudrait qu'elle le fût ». Ms, 16.

loge, paye 25 sols. « On est assis au parterre sur des
« bancs à dossiers et les hommes les plus qualifiés
« y vont très communément prendre place avec les
« bourgeois. Le spectacle commence à 8 heures et
« finit à près de onze heures. » Nollet y a vu l'*Ecole
des Mères* et la *Nouveauté*, petite pièce : il le dit,
sans commentaire : il se promène au jardin du Roi,
ne manque pas un divertissement public, le feu de
la Saint-Jean, un défilé militaire, un feu d'artifice
anniversaire de la naissance du duc de Savoie ; il
aime à entendre les orgues de Saint-Philippe de
Néri ; enfin sa curiosité sans cesse en éveil impose à
ses hôtes, à ses interlocuteurs, de le renseigner sur
toutes sortes de questions pratiques parmi lesquelles
les vers à soie et les filatures du Piémont occupent
une place très-importante.

C'est une véritable enquête que fait là-dessus
Nollet, avec le soin d'un Diderot documentant un
article de l'Encyclopédie. Au cours d'une excursion
de huit jours dans l'Astésane, il a noté la nature des
terrains, une glaise légère, blanchâtre, (36) analogue
à celle préparée pour la poterie et la faïence ; il a
questionné des maçons sur le stuc (44) ; il a fait des
expériences avec la chaux et il en a tiré la matière
de son mémoire à l'Académie sur la chaux du Piémont (39 v°). Sa méthode est d'interroger les gens
qualifiés, les servantes, les intendants, les fermiers,
de contrôler les témoignages les uns par les autres,
et son enquête terminée sur la soie en Piémont, il la
continue en Italie. En allant à Vérone, au milieu d'un

pays de mûriers et de rizières, il met plusieurs fois pied à terre pour causer avec des paysans sur tout ce qui regarde la culture des mûriers et l'éducation des vers à soie : « tout ce qu'ils m'ont dit m'a paru très conforme aux usages du Piémont : ces gens-là sont même persuadés que le Piémont est de toute l'Italie l'endroit où l'on réussit le mieux pour toutes ces choses » (89 r°). Il serait indispensable à qui voudrait faire sur la soie, les prix des cocons, les salaires, les moulins à organsiner, etc... vers 1750, un travail de première main, de consulter Nollet. Il donne le reflet exact des conversations du temps.

On lui assure « qu'il y a 25 ans qu'on ente les mû-
« riers en Piémont: les mûriers des pépinières sont
« vendus 6 livres la douzaine à 8 ou 9 ans ; ils
« sont plantés au bord des chemins, ou en pleine
« terre, alignés au bord des pièces de blé ou de
« seigle pour éviter le dommage aux grains ; ils sont
« taillés tous les quatre ans. On cueille les feuilles
« dans de grands sacs dont l'ouverture est garnie
« d'un cerceau de bois. Une sachée de feuilles du
« poids de 3 rubs se vend au moins 20 sols ; les vers
« à soie qui ont produit un rub de cocons (ou 24
« onces de soie) ont mangé 5 sacs de feuilles, c'est-
« à-dire la valeur de cent sols (1).

Les courtiers de filatures passent dans les campagnes acheter les cocons jusqu'à la Saint-Jean : dans une filature où il y a 80 bassins, on file par an 3,500 à 4000 rubs de cocons depuis fin juin jusqu'à août. La soie se dévide sur une raquette qui reçoit son mouvement du moteur du moulin à eau. Nollet en décrit tout le détail mécanique (63).

(1) Ms. 20.

Il donne le prix de la graine tel que le lui ont dit les paysans : « Une once de graine provenant d'une « livre de cocons choisis vaut 30 à 40 sols (1). On la « met à éclore au commencement de mai dans des « sachets ou dans de petites boites plates garnies « de coton que les femmes mettent dans leur sein « ou, ce qui se fait plus communément, sous le ma- « telas du lit où l'on couche. Au bout de 7 à 8 jours « ou plus, on voit naitre les vers ».

Une fileuse gagne 13 sols par jour (2). On ne la nourrit pas, mais on la loge si elle n'est pas du lieu : la journée de travail est de 14 heures produisant 12 onces de soie ; la tourneuse est payée 7 sous : à Bologne les prix sont plus élevés, 16 sols et 10 sols. « Une fille de la campagne est sûre de trouver à se marier quand elle sait filer : c'est une petite rente qui lui tient lieu de dot. »

Nollet interroge pour connaitre les rapports de fermier à propriétaire au sujet des vers à soie. « Les habitants reçoivent des vers pour les nourrir sur les mûriers du seigneur (3) : on partage par moitié. Chacun peut vendre à l'homme d'affaires la moitié de la recette sur laquelle on a prélevé la graine pour l'année suivante. » Mais il y a des inconvénients à ce mode d'exploitation, entre autres le gaspillage du mûrier.

Nollet n'oublie pas qu'il est physicien jusqu'en cette question des vers à soie qui le préoccupe : il conçoit l'application de la science à cette industrie.

(1) Ms. 14 v°.
(2) Ms 53.
(3) Ms 35.

Le four où l'on met les cocons dans les corbeilles pour y tuer les vers a une température de 83°. La soie perd-elle de sa force au four ? — C'est une expérience à faire : et il la ferait aussitôt, dans l'intérêt des filatures, s'il en avait les moyens. Il constate seulement que le cocon du four est un peu plus pâle que les autres de même espèce (1).

Enfin Nollet termine par la statistique : il évalue à 14 millions la somme des soies dont un quart s'emploie dans les fabriques du pays. Il en passe 12 à 1,500,000 livres en Angleterre, par des marchands de Genève établis à Turin : le reste se vend en France.

Montesquieu avait hésité devant ce chiffre (2) : il semble que Nollet ait eu plus d'éléments d'information et que son approximation soit près de la vérité.

. . .

Nollet séjourne trois jours à Milan : il est de l'avis de de Brosses ; le Dôme ne l'enthousiasme pas, à cause du caractère considérable, illimité du travail ; (3) on lui montre les curiosités qui sont tradition-

(1) Ms 53.
(2) Ouvr. cité, p. 128. « Les marchands de Turin tiennent que le commerce de la soie qui est le seul du Piémont, monte à 10 millions, ce que je ne crois pas, mais à peu près à la moitié. »
(3) Ms 82. « Comme les ouvrages vont lentement, il y a déjà une grande partie de ce qui a été fait anciennement qui menace ruine. Cette église a été commencée dans le genre gothique, et présentement que l'on parle de faire le frontispice, on ne sait pas s'il sera fait suivant le même goût ou suivant le moderne. L'édifice est fait de briques mais revêtu en dehors et au dedans, de marbre blanc avec un nombre infini de statues de saints de toutes grandeurs et dans toutes sortes d'attitudes. »

nelles, que tout étranger doit voir, le St Barthélemi écorché : c'est une pièce admirable, mais bien négligée ; elle n'est point assez en jour et elle est pleine de poussière, telle est la riposte de l'homme d'ordre aux excessifs louangeurs.

Il ne pouvait non plus manquer d'être présenté à Mademoiselle Aniezi, la célèbre newtonienne que de Brosses avait entendue disputer philosophie et perception extérieure en un latin très-correct. Mademoiselle Aniezi lui raconte que pour imprimer son livre d'algèbre elle avait dû apprendre en trois mois le compositeur à lire l'algèbre, surmenage dont le malheureux était mort (1). Nollet pense plutôt à ces matières scientifiques, aux bibliothèques et aux collections, qu'aux palais et aux galeries de peinture visités par de Brosses, mais il observe comme lui les choses de la rue. (2)

A Vérone où il passe la journée, il voit rapidement la collection d'histoire naturelle et de fossiles de Maffei, l'amphithéâtre antique, la maison de l'Académie, et il remarque, à sa façon qui n'est pas tout à fait celle de Brosses, la toilette et la chevelure des paysannes de Vicence. « Leurs cheveux, dit Nollet, sont tressés et retroussés derrière la tête et retenus ou recouverts d'un morceau d'étoffe, garnis d'une centaine de grelots ou boutons de cuivre blanchi, de sorte que de loin on dirait qu'elles ont le chignon bien bouclé et poudré à blanc. » (3)

(1) Ms 84 et 86 ; de Brosses, I. 144-146.
(2) Nollet remarque à Milan la broderie et l'éventail qui est un meuble d'homme et de femme : les abbés s'en servent publiquement. On suit la mode de Paris.
(3) Ms 40 v°.

De Brosses (1) transformera en écrivain cette simple vision. « Elles se couvrent la tête de trois ou quatre milliers d'épingles à grosses têtes d'étain : cela ressemble à un citron piqué de clous de girofle. »

A Padoue, de Brosses (2) a été guidé par le marquis Poleni, ami de la musique et mathématicien : il a vu l'amphithéâtre d'anatomie dont il se moque, le jardin botanique, les églises : sous la conduite du même Poleni qui a le mérite à ses yeux de s'occuper d'électricité. Nollet parcourt les mêmes étapes, sans doute avec les mêmes réflexions du savant guide ; mais Nollet n'a bien écouté que les propos de science : Poleni a vendu sa célèbre collection d'instruments de physique à la république de Venise en 1741.

On s'embarque sur la Brenta pour aller à Venise : c'est l'itinéraire classique duquel les deux voyageurs sont esclaves. A la belle page souvent citée encore de de Brosses sur les gondoles, (3 même après Madame de Staël et Madame Cottin, répond une simple note de Nollet sur « la multitude des gondoles couvertes de drap noir qui vont et viennent comme autant de catafalques. » 4

Mais Venise, où il reste dix jours, l'enchante pour la société et les mœurs, pour l'intérêt scientifique : il constate la méfiance politique et « la peine qu'éprouvent les étrangers à s'introduire dans les compagnies » : mais il ne paraît pas en avoir souffert. Il apprend les nouvelles de France chez l'ambassadeur

(1) I. 192.
(2) Lettre XIII, 193.
(3) I. 214.
(4) Ms 93.

qui l'accrédite partout : il assiste à une élection au Conseil des Dix, à une soirée chez Mme Foscarini en l'honneur du prince de Modène : (1) il raconte celle-ci : « La maison était magnifiquement meublée « et bien illuminée « ainsi que les jardins où se fit le « concert : j'y entendis chanter la fameuse Cozzoni « et Caristini : il y avait encore diverses sympho- « nies dans les appartements, et dans les vestibules, « beaucoup de rafraichissements de toutes les es- « pèces. Toutes les dames étaient en noir, excepté « celles de la famille du Doge qui ont droit de por- « ter des étoffes de couleur, et toutes bien parées en « diamant »... Et il achève de décrire les costumes « masculins, robes noires et grandes perruques, « ce qui est l'habillement ordinaire des nobles. « Ceux à qui leur charge ne permet pas de se trou- « ver en de telles assemblées à visage découvert y « étaient masqués, de manière cependant que tout le « monde les connaissait. Les jeunes gens qui n'ont « point encore pris la toga portent un habit noir ou « de couleur qui est presque à la française, mais « pardessus un manteau tout garni de dentelles « noires. Le concert dure deux heures : le bal jus- « qu'à sept heures du matin ».

La curieuse fête de Sainte-Marthe est célébrée de manière à révéler à Nollet la mondanité des religieuses de Venise (2) ». La lagune du côté du cou- « vent qui porte ce nom et qui est occupé par des « religieuses, était toute couverte de gondoles et de « barques bien ornées et illuminées, pleines de

(1) Ms 102.
(2) Ms 94.

« compagnies qui soupèrent avec symphonie, ce qui
« dura toute la nuit. Nous mimes pied à terre sur le
« quai où il y avait une espèce de foire et beaucoup
« de peuple. Nous entrâmes dans la cour du cou-
« vent et de là dans un grand parloir tout ouvert où
« il y avait beaucoup de compagnies assises et qui
« faisaient collation avec les dames religieuses qui
« n'étaient séparées que par des grilles fort larges.
« Ces religieuses sont très bien coiffées et sans
« voiles : leur habillement est fort galant, et ce
« jour-là elles étaient en belle humeur : elles sont de
« l'ordre de St-Augustin. » — Nollet a vu là une
nuit de Venise d'un éclat et d'un intérêt pittoresque
qui l'a séduit.

N'oublions pas qu'il avait été reçu par le Doge à
qui il avait offert son dernier volume sur l'Electricité, et que tous les savants dont il avait lu les ouvrages et qu'il connaissait de réputation avaient été
visités par lui ou lui avaient fait visite spontanément.
Nollet donna enfin la part ordinaire de son temps
aux curiosités des manufactures : il vit l'Arsenal et
la manufacture de cristaux dont il examina de près le
travail des fleurs et le montage des pièces (1).

Le 7 août il partait pour Ferrare en barque et il
passait à travers les îles qui alimentaient Venise de
légumes, « les hortillonnages » vénitiens. A Ferrare,
ville déchue, on ne lui montre que le tombeau de

(1) Ms 96. « Nous vîmes travailler les fleurs, tant en cristal qu'en
émail coloré. Nous vîmes assembler ces différentes pièces et les
monter pour former des lustres ou des surtouts de table, des
girandoles, etc. Nous vîmes aussi tailler et grincer les flacons au
touret et avec les différentes meules. »

l'Arioste dans l'église des Bénédictins. Après une journée de route, il est rendu à Bologne où il demeure sept jours : dans cette ville savante il est heureux de saluer des savants qui se sont dérangés des villes voisines en son honneur ; il dîne avec eux chez le vice-légat qui a mis un carrosse et un laquais à son service. Il est reçu avec apparat à l'Institut et on lui montre les instruments de physique et l'observatoire ; on fait gloire de cet outillage scientifique : le pape l'a donné lui-même à l'Institut. Tel instrument provient de la succession de S. Gravesande, tel autre de Nollet lui-même. Nollet a une longue entrevue avec Vérati sur les expériences d'électricité médicale : il voudrait voir des expériences ; Vérati ne s'y prête pas facilement. Nollet ne quitte pas Bologne sans la promesse faite par Pozzi, médecin du pape, chez le vice légat, « qu'à l'avenir rien ne sortirait de Bologne sur l'électricité médicale sans être bien examiné. » Les savants de l'Institut et Nollet avaient échangé la promesse d'une exacte correspondance scientifique. Nollet a fait son ordinaire enquête sur la vie économique (1) et il sait que le Bolonois tire son revenu et sa subsistance des chanvres, des soies, des vins, grains, fruits, légumes, etc., mais il emporte aussi quelques souvenirs artistiques : la Sainte Cécile de Raphaël « si renommée parmi les amateurs de peinture », la fontaine de Neptune de Jean de Bologne et les peintures de la voûte de la Bibliothèque, Scot et St-Thomas. Ses guides n'ont pas manqué de lui signaler la drôlerie de Scot faisant les cornes à St Thomas.

(1) Ms 116.

Combien de Brosses paraît plus près de nous avec ses belles pages sur la Sainte-Cécile !

Il critique justement l'ordonnance du bas du tableau, le manque d'action des figures, mais il apprécie finement l'ingénieuse pensée du peintre qui a fait perdre à Ste-Cécile le goût de la musique d'ici-bas en la charmant par le concert céleste. (1) Ce tableau a formé, dit de Brosses, toute la bonne école de Bologne, dont il donne une énumération très longue dans sa lettre XXII.

Le 19 août Nollet est à Florence. Cette ville d'art unique dans son genre a donné son empreinte à la Renaissance et avec elle à toute une face de la civilisation moderne et le génie florentin, fait d'inspiration et de netteté, a été la matière d'analyses modernes et de nuances infiniment délicates. (2) De Brosses a essayé d'en dire en plusieurs lettres toute la complexité de ses impressions. Nollet va à la Cathédrale « où deux morceaux de Michel-Ange sont bien beaux », au Baptistère à trois portes dont les « battants sont tout couverts de beaux bas-reliefs d'airain ; » il n'a pas vu, on ne lui a pas montré les admirables sujets, le style, les symboles ; il a visité quelques palais, quelques églises, dont il note rapidement les tableaux importants et les bibliothèques, mais surtout les collections d'instruments survivant à l'Académie del Cimento, (3) le cabinet de Goadagni,

(1) Ouvr. cité, I, 379 et 595.

(2) E. Muntz : Florence et la Toscane. Paris, Hachette, 1901.

(3) Ms 125. J'appris que la plus grande partie avait été transportée en Lorraine par M. Varin, artiste attaché à l'Empereur, d'où je présume que ces instruments si respectables pour un physicien sont actuellement dans les cabinets de physique de Vienne.

professeur à Pise, le jardin botanique ; il a été à
l'Opéra ; il a remarqué la salle qui est d'une grande
beauté, mais le spectacle ne ressemble pas à celui
de Paris : il n'y a point de « chœur, tout au plus
« quelques duos, et le récitatif ennuie beaucoup
« une oreille française : les danses pour la plupart
« n'ont aucun rapport à la pièce. Ce jour-là on jouait
« pour la première fois *Hypermnestre*, nouvelle
« pièce de Métastasio : les deux premières voix
« d'homme et femme m'ont paru singulièrement
« belles. » Nollet ne manque pas non plus de noter
dans son journal la qualité bonne ou mauvaise de
la musique d'église.

Florence est pour lui la ville de la soie qui avec
4,000 métiers fait vivre 40.000 âmes. (1) il y examine
en connaisseur les manufactures d'étoffes variées en
noir et les moulins à organsins, et ses notes sont
surtout précises sur la nouvelle manufacture d'é-
toffes brochées en soie, en or et en argent établie
depuis 1747 seulement. (2) « Ces étoffes sont tra-
« vaillées à profit, c'est-à-dire qu'elles sont faites
« de soie : mais en général elles pèchent par le
« dessin, et les brochures sont employées de ma-
« nière à ne pas durer autant que le tissu. Je n'ai
« pas trouvé non plus dans ces étoffes le brillant
« qu'on remarque dans les étoffes unies de Florence,
« et les couleurs, surtout les violets et certains
« rouges, sont encore imparfaits. Cependant, comme
« cette manufacture est montée aux dépens de l'Em-
« pereur et que les étoffes doivent avoir leur débit

(1) Ms 133.
(2) Ms 127.

« en Allemagne, on peut croire que cette entreprise
« réussira ».

* *

Après Sienne visitée en une après-midi, Nollet
arrive à Rome où il s'arrête quinze jours, logé chez
le grand prieur de Lombardie : à son habitude, ses
premières visites sont pour les savants, pour les
notabilités auxquelles il est recommandé : il va dans
les palais, les bibliothèques : au palais Barberini le
bibliothécaire lui dit que depuis cent ans on n'a pas
ajouté un volume à la collection, et ce renseignement détruit chez le savant une admiration à peine
esquissée. Il ne dédaigne pas la Rome ancienne : il
est de bon ton d'en parler dans le monde. Il se plait
chez les cardinaux, surtout Passionei qui le fait dîner
avec les Français les plus connus de Rome, avec
Sainte-Palaye, Dupleix, La Bruère, le directeur du
Mercure, secrétaire d'ambassade en 1749 : il admire
Saint-Pierre en faisant une remarque sur la constitution de la *travertine* et ses trous : il salue les œuvres classiques avec un mot poli, mais il n'a pas
d'émotion dans les jardins du Vatican : il se laisse
mener à travers le palais et la bibliothèque : (1) le
pape qui le reçoit lui tient le vrai langage qu'aime
Nollet : il lui parle de son séjour à Bologne, des besoins de cette Académie, des collections et de ses
satisfactions de savant. Celles-ci sont réelles et Nollet
les trouve partout : dans les catacombes de Saint-
Sébastien il observe le thermomètre et les irisations

(1) S'il a quelque réelle attention, c'est pour les choses naturelles, « le bassin d'une seule pièce de porphyre qui a plus de
12 pieds de diamètre. » Et cela à côté du Laocoon, de l'Antinoüs !

couleur de burgos des fioles de verre, contenant le sang des martyrs. Le cardinal Valenti le comble de joie en lui en donnant une sur laquelle il fera des expériences. La visite d'un atelier de mosaïste l'enchante. (1) Pourquoi aurait-il comme Dupaty, à Tivoli, rêvé d'Horace et de Tibur ? — Il a longuement étudié les moulins et les forges à côté des cascatelles ; et les taillanderies avec soufflets à eau l'ont frappé par l'ingéniosité de l'outillage : il en a même fait quelques dessins en marge de son journal.

Rien n'a manqué à la politesse italienne pour qu'il s'en félicite. Le P. Noceti lui a proposé de mettre l'Electricité en vers latins : oui, un poème à l'instar des poèmes composés par ce Noceti sur l'Iris et l'Aurore boréale, et Nollet lui a donné en une longue avant-midi des explications verbales pour l'aider dans sa tâche bien originale de poète qui ne doute de rien.

Rome continue le paganisme par le pouvoir des Muses attentives aux savants et qui président les plus nobles salons : les duchesses ont fêté l'abbé physicien. La duchesse Salviati l'a reçu, et en cette mémorable soirée où il fut question de France et de la science française, la duchesse de Caserte l'a prié de complimenter Mᵐᵉ du Châtelet. A l'ambassade de France et chez le directeur de l'Académie de France, de Troy, Nollet a été à la conversation avec un plaisir sans mélange et sans rien qui rappelle la malice du président de Brosses Dix ans avant Nollet, cette mauvaise langue a ainsi enfoncé sa raillerie en un croquis d'âme d'artiste que Nollet ne voulut pas voir

(1) Ms 147.

telle : « M. de Troy se pique surtout de faire les honneurs de la ville aux gens de la nation. C'est presque un grand seigneur, mais le métier comporte un peu de vent dans sa tête et l'on n'y fait pas d'attention. Il est à son aise et tient au vrai une assez bonne maison. J'y vais souper volontiers : il y a une jeune femme aimable, polie et d'une assez jolie figure : pour celle-ci elle est dévote. On joue aux échecs, au piquet ; on converse des petites nouvelles de France ; on s'égosille sur la peinture contre M. de Troy qui ne connait point de peintre au-dessus de Véronèse, si ce n'est lui-même. » (III, 92).

. . .

Le 17 septembre Nollet est à Naples : il y retrouve des savants et il cause : en dix jours, il va faire de nombreuses excursions scientifiques ; il va passer d'agréables soirées chez Mademoiselle Ardinguelli où l'on discute newtonisme et astronomie ; il rencontre des savants dans l'aristocratie napolitaine et même des candidats au titre d'associé étranger de l'Académie des Sciences. (1) Il est présenté au Roi qui lui adresse ces paroles : « Je suis fort aise de vous avoir vu ; on dit que vous trouvez beaucoup de curiosités naturelles. Je vous prie d'assurer le Roi et toute la famille royale de mon respect et de mon amitié ».

Le détail des impressions et des observations utiles de Nollet est varié. Il pense à l'Académie des

(1) C'est le prince San Severo qui avait cette ambition sans ignorer les difficultés. Il prie Nollet d'en parler à M. de Puisieux.

Sciences, à la physique expérimentale, aux relations mondaines, aux correspondances scientifiques sans oublier les mœurs italiennes et les leçons de la rue. En allant au Vésuve, en étudiant les fumées d'une éruption propice et les laves de Torre del Greco, la solfatare de Pouzzoles et les amusettes de chimie élémentaire de la Grotte du chien, il se considère en mission officielle. Il est heureux de constater le goût de l'aristocratie napolitaine pour les expériences de physique et les collections d'instruments. Le P. la Torre a dirigé, dans la bibliothèque du prince de Torsia, des expériences en présence de quelques dames que le prince avait invitées. Nollet est très entouré : le prince le prie de lui faire faire à Paris un miroir de plusieurs pieds tel que celui de Buffon, de lui chercher un fort aimant et de lui envoyer les instruments que Nollet jugerait le plus utiles à sa collection, baromètres, thermomètres, etc.

Le prince de la Scalea, à Portici, n'aime pas moins la physique expérimentale et il a quelques instruments. (1)

Au palais du Roi, à Naples, Nollet vit les premiers objets tirés des fouilles d'Herculanum (2). « Nous allâmes ensuite voir la ville souterraine, et comme nous étions très fatigués, nous nous contentâmes de descendre au théâtre ; quel dommage qu'on n'ait pas découvert cet édifice par en haut plutôt que de fouiller en dessous ! On a bien raison de dire qu'on s'y est mal pris pour profiter de la découverte d'Herculane. Depuis quelques jours on trouve une petite

(1) Ms 176 v°, 180.
(2) Ms 181.

vaisselle d'argent : on en a déjà tiré quelques pièces fort curieuses ».

Grâce au marquis de l'Hôpital, ambassadeur de France, à son secrétaire d'Artenay, Nollet peut visiter le port, puis, du couvent des Chartreux et de la terrasse du palais royal, il prend une idée de Naples à vol d'oiseau, une « vue enchantée » dit-il, sans plus d'analyse pour l'émotion toute païenne et artistique que donnent de tels sites et de tels ciels.

Il redescend à l'observation prosaïque des mœurs, dans la rue, et quel contraste ! après une pareille vision de l'harmonie des ensembles. « La ville de Naples est en proie à deux sortes de gens, les moines et ce qu'on nomme les *pallietes* ou gens à manteaux, avocats et procureurs qui tous s'habillent en abbés. Il y en a une quantité prodigieuse et ils se font payer fort cher : les moines sont fort riches et en très grand nombre. On ne voit que de cela partout, et le peuple naturellement superstitieux leur baise la robe à tout propos.... » (1) Les mœurs napolitaines lui semblent d'ailleurs singulières. Il s'étonne de trouver à la messe, à l'église des Jésuites, une grande quantité de femmes habillées en religieuses de toutes les couleurs ; mais il a été instruit de l'usage local. « C'est une pratique usitée dans cette ville : une cuisinière, une servante, une fille bourgeoise prend un habit de capucine, de dominicaine, de jésuitesse et cela s'appelle *monaca di casa*, moinesse de maison. Les marchés et les rues sont pleins de ces béguines qui vont deux ou trois ensemble, avec un grand crucifix de bois

(1) Ms 192.

qu'elles portent haut, comme si elles allaient à la procession, et tout cela, pour acheter des herbes ou de la viande.... Un étranger a de la peine à entendre la messe sans distraction au milieu d'un peuple d'hommes et de femmes qui se battent la poitrine à grands coups de poing, qui baisent la terre à tout propos, qui soupirent et qui parlent tout haut et sur toutes sortes de tons au bon Dieu et à la Sainte Vierge et qui font cent gestes qu'on prendrait ailleurs pour des extravagances... (1) » — « Les Napolitains, plus attachés que tous les autres Italiens au culte extérieur et à tout ce qui s'appelle pratiques de dévotion, fournissent libéralement l'argent qu'on leur demande pour la décoration des temples, etc... Il y a actuellement à Naples un Jésuite qu'on nomme le P. Pépé qui fait des missions et qui a tellement gagné l'esprit du peuple qu'il serait dangereux pour le Gouvernement de rien faire qui pût déplaire à ce religieux. Il vient de lever une pieuse contribution qui se monte à ce qu'on prétend à plus de 400,000 livres de France. L'objet apparent de ses aumônes est un obélisque du plus mauvais goût sur lequel il a fait écrire en gros caractères quelques compliments à la Sainte Vierge. Tout le monde convient que ce bel édifice a pu se faire avec l'intérêt seul de la somme principale dont il est demeuré paisible propriétaire » (2).

Voilà sans doute ce que Nollet entendait dire sous le manteau, mais s'il le répétait, pour lui-même, — ne l'oublions pas — c'était d'un esprit qui perce

(1) Ms 176, r°.
(2) Ms 175.

jusqu'au vrai, sans fiel et sans venin. Au moment du départ de Naples, il fut tout entier à sa mission et à des commissions de toutes sortes, du savon de Naples à emporter, des renseignements à envoyer sur les tapis d'Aubusson et les lainages de Rouen dont on fait des tapis pour les parquets, donner à Clairaut deux problèmes de géométrie de la part de Mademoiselle Ardinguelli, une attention galante de femme savante (qui n'oublie pas cependant la parure et veut savoir le prix de certains joyaux), envoyer un bon microscope, baromètre et thermomètre au cardinal Passionei, emporter, offrir des livres de sciences : enfin l'abbé prend congé, son carnet en règle, sûr de ne rien oublier.

Il revient de Naples à Turin par Rome, Florence, Livourne, Pise et Gênes, reçoit de nouveaux présents (1) et ne se prive pas de chercher le plaisir profane. A Florence, à l'Opéra, il a « entendu chanter la Pariggi et Eliesi. Il y avait beaucoup de masques, parce qu'on a nouvellement institué un petit carnaval entre la Saint-François, fête de l'Empereur (4 octobre) et la Sainte-Thérèse, fête de l'Impératrice qui vient le 15. Le masque donne la liberté d'aller au parterre à quantité de femmes qui ne peuvent pas avoir une loge à elles ».

A Pise il a vu l'observatoire de la tour, mais il a remarqué surtout que les instruments provenaient d'Angleterre et il décrit le Campo Santo, par les petits côtés, sans émotion. « Les murs sont tous peints

---

(1) Ms 196 ; il reçoit trois exemplaires du Catalogue des plantes du professeur Manetti, un pour Jussieu, un pour Guettard, un pour lui, et des graines pour Guettard.

et représentent divers sujets de l'ancien et du nouveau Testament, les quatre fins de l'homme, etc. On y remarque quelques fantaisies de peintre assez bizarres ; un Adam qui a des cornes, un Salomon moitié dehors, moitié dedans l'Enfer, une des belles-filles de Noé qui le voyant, comme le reste de la famille, ivre et nu, met sa main devant ses yeux pour ne point voir, mais en tenant ses doigts écartés, de manière qu'on lui voit les yeux tout à fait à découvert ; et quelques autres bagatelles de cette espèce ».

A Gênes il demeure quelques jours, dans la meilleure compagnie. Il va à la Comédie voir *Zaïre* : « c'était une mauvaise traduction en prose, mal représentée, avec des farces pour intermèdes. » S'il l'a raconté à son ami Voltaire, il a signalé à son indignation d'homme de théâtre une de ces premières contrefaçons étrangères qui ne sont pas abolies de nos jours.

A Gênes il n'a pas manqué de donner deux jours à la visite des manufactures de velours et de damas : « la plupart des velours unis, dit-il, se font ou dans les faubourgs ou dans les campagnes. Un ouvrier m'a dit que la partie de soie qu'on emploie pour faire le poil du velours noir est tellement teinte qu'elle ne vaudrait plus rien pour faire d'autres étoffes et, en effet, les étoffes noires de Gênes ne durent rien si l'on en croit les gens mêmes du pays. » (Ms 203).

A Turin Nollet prit congé du roi et du duc de Savoie, qui lui adressèrent de très gracieuses paroles et il se disposa à rentrer en France par la route des Alpes, après un séjour de six mois en Italie

(27 avril-27 octobre). Il emportait des souvenirs matériels, caisses de livres, de pierres, marbres, chaux en échantillons, paquets d'étoffes de Florence, même du vin de Syracuse et de Sardaigne, mais son journal de notes rédigé sans arrière-pensée, et procédant d'une observation directe où se révèle un des premiers esprits positifs antérieurs à l'Encyclopédie, était le plus précieux objet de ce bagage.

*
* *

Pour mieux conclure sur cet esprit positif si important à saisir dans l'histoire de la pensée au xviiie siècle, il faut lire un grand récit de Nollet qui, d'ordinaire, n'est pas prolixe de détails, mais ce récit est noté comme une expérience dans ses phases et ses moments. C'est le compte rendu de la fête de Saint Janvier, protecteur de la ville de Naples, le 19 septembre 1749.

« Le P. La Torre me conduisit à la Cathédrale pour voir le miracle ; (1) mais outre que nous arrivâmes trop tard, ce jour-là le miracle avait manqué et nous vîmes dans l'église tout le peuple consterné, comme si la ville eût été menacée du plus grand désastre. Nous passâmes au palais du cardinal archevêque à qui j'avais à rendre une lettre de M. le prince de Francaville. On nous dit à la porte que nous ne pourrions pas lui parler, qu'il était en oraison, à cause du miracle qui ne s'était point fait. Cependant nous montâmes dans l'antichambre et Son Excellence

(1) Ms 169 v° et suiv.

l'ayant su nous fit entrer, lut la lettre que je lui présentai et me tint des propos très obligeants, très variés et même très enjoués. Je compris alors que sa douleur était moindre qu'on ne nous l'avait dit ou qu'il avait lieu de croire que le miracle réussirait mieux le lendemain.

Le samedi matin M. de Caraccioli vint me prendre pour aller à la Cathédrale et nous arrivâmes assez tôt pour le miracle. Car cette épreuve miraculeuse se fait tous les jours pendant l'octave dans une chapelle particulière qui est très richement ornée. Je perçai la foule et j'entrai dans le sanctuaire qui était plein d'ecclésiastiques et de gens de condition tous à genoux autour de l'autel où l'on disait une basse messe.

Vers le temps de l'offertoire, on me fit aller derrière l'autel où je vis un prêtre en rochet qui ouvrait une grande armoire avec deux clefs dont il n'avait apporté qu'une. L'autre lui fut présentée par un séculier, un officier député de la noblesse. Cette armoire étant ouverte, le prêtre en tira d'abord un reliquaire à peu près de la forme et de la grandeur d'un soleil dans lequel on expose le Saint-Sacrement et vitré de même des deux côtés. On aperçoit dedans deux petites fioles de verre dont une est vide et seulement un peu marquée en dedans comme s'il y avait eu du sang et qu'il en soit resté des taches aux parois ; l'autre est pleine à peu près jusqu'aux deux tiers d'une matière qui paraît brune et qui était alors d'une assez grande consistance pour ne point couler lorsque le prêtre tint un instant la fiole renversée.

Ceci s'étant passé derrière l'autel, le prêtre apporta la relique dans le sanctuaire et la renversa encore un instant pour montrer que ce qui était dans la fiole était solide; et alors il se fit de toutes parts des acclamations entremêlées de sanglots, non seulement parmi le peuple qui était dans la chapelle et qui se portait tumultueusement vers la balustrade, mais encore dans le sanctuaire qui était rempli de nobles, d'ecclésiastiques et de religieux de toute espèce; tout ce que je pus entendre parmi le bruit confus c'est que l'on convenait d'un commun accord que le sang de Saint Janvier était dur et non liquéfié dans la fiole : duro, duro, duro !

Mais voici le nœud de l'affaire : il faut que ce sang reconnu dur s'amollisse jusqu'à couler, sans quoi le miracle a manqué et tout est perdu : or donc voici ce qui se passa ensuite.

Le prêtre qui tenait toujours la relique à pleines mains la fit baiser à toute l'assistance en la faisant toucher à la bouche et au front de chaque personne, et puis, il la reposa sur l'autel du côté de l'épitre avec deux cierges à côté, mais des cierges si courts que la lumière était à hauteur de la relique.

Cela étant fait, on retourna derrière l'autel, et l'on tira de la même armoire un buste d'argent doré de grandeur naturelle que l'on vint placer sur l'autel du côté de l'Evangile et que l'on habilla fort magnifiquement ; on dit que ce buste contient le chef de Saint Janvier, que la fiole contient du sang du même martyr et que ce sang se liquéfie miraculeusement en présence de cette relique. Voilà la prétention des Napolitains. Voici ce que j'ai vu.

Lorsque l'on eut habillé le buste de Saint Janvier,

le même prêtre reprit encore le reliquaire à pleines mains et l'ayant tenu renversé un petit moment tout auprès d'un cierge allumé que tenait un acolyte, ce qui était dans la bouteille parut encore dur : et pendant cette nouvelle épreuve, le peuple criait et se lamentait comme dans un naufrage et ceux qui étaient à genoux dans le sanctuaire faisaient des soupirs et des oraisons jaculatoires qui marquaient bien l'intérêt qu'ils prenaient à la réussite du miracle.

Le prêtre qui tenait toujours la relique la retourna dans sa situation naturelle et la fit baiser comme ci-devant à plus de 60 personnes, et puis la retournant encore, le cierge toujours contre le verre, il se mit à psalmodier pendant un bon quart d'heure. Il s'arrêtait à chaque psaume pour voir à quoi en étaient les choses et puis il recommençait encore ou des litanies ou quelques psaumes ; je remarquai entre autres qu'il récita le *De profundis* avec une si grande dévotion que les larmes lui coulaient sur le visage.

Pendant tout ce temps-là, des femmes qui étaient appuyées sur la balustrade faisaient des contorsions, des cris, qui faisaient peur, d'autres adressaient à Saint Janvier ou au Bon Dieu des discours qui étaient pour le moins très ridicules. Enfin, à force de faire baiser, de manier et d'éclairer la relique avec les cierges, je vis que ce qui était dans la fiole renversée tombait peu à peu comme une pâte qui s'amollit, et le vaisseau paraissait déjà beaucoup plus plein ; le prêtre s'en aperçut aussi, et l'ayant remis dans sa situation naturelle, il la montra au peuple, qui s'écria avec beaucoup de joie que la bouteille se remplissait.

Ensuite, ayant encore fait baiser la relique, il la renversa pour la dernière fois et la tint dans cette situation, toujours le cierge allumé auprès et, enfin, je vis une masse qui se détachait du fond de la bouteille et qui tombait du côté le plus bas, à mesure qu'on la remuait, comme a coutume de faire une matière durcie qui commence à fondre dans un vaisseau dont on chauffe les parois. Alors le prêtre entonna le *Te Deum* et tout le monde fut content ; mais moi je fus très mal édifié de cet abus et je l'ai dit depuis à M. le Nonce qui me demandait en pleine table et devant dix personnes ce que je pensais du miracle de Saint Janvier : « Monseigneur, lui dis-je, si ce que j'ai vu est véritablement le sang d'un saint martyr, je le respecte autant dur que mol ; mais rien ne me paraît moins miraculeux que de voir une matière qui peut être toute autre chose que du sang se fondre quand on l'a chauffée ».

Nollet n'ajoute pas ce que le nonce lui a répondu.

Ami de Voltaire, plutôt que voltairien, l'abbé physicien n'a pas usé de cette malignité caustique et combative qui veut triompher d'un ennemi et montre trop l'ardeur de vaincre et la joie vive de convaincre. Nollet voit, observe, posément, sans accorder un instant à l'inattention ou à la surprise des sens : devant cet expérimentateur implacable tout est borné à la simple expérience et l'esprit critique n'est qu'une forme de son attention sagace.

Pour mieux juger cet esprit critique si ferme et si constant avec lui-même, il faut le comparer à un homme qui lui est supérieur, qui se rencontre ici avec lui, mais qui hésite et qui flotte, par scepticisme, dans une conclusion contradictoire. Après le physicien, il faut entendre le philosophe Montesquieu (1) : les deux récits concordent et diffèrent à la fois. Ce n'est plus le même ton : ce sont pourtant deux contemporains et de la même école.

« J'ai été aujourd'hui, samedi 30, voir la liquéfaction du sang de Saint Janvier. Je crois avoir vu que la liquéfaction s'est faite : quoiqu'il soit difficile de s'en bien apercevoir parce que l'on ne fait que vous montrer un moment un reliquaire dont le verre est fané par les baisers de tout le monde. Mais quoi qu'il en soit je crois que c'est précisément un thermomètre : que ce sang ou cette liqueur, qui vient d'un lieu frais, entrant dans un lieu échauffé par la multitude du peuple et un grand nombre de bougies doit se liquéfier Il m'a semblé que quelquefois le prêtre approche du chef de Saint Janvier, même après le miracle fait, c'est-à-dire du lieu où il y a beaucoup de bougies. De plus, le prêtre tient le reliquaire de ses deux mains, ce qui échauffe le métal.

On ne saurait croire la consolation que le miracle fait dessus l'esprit du peuple. Les Napolitains disent que quand Philippe V vint à Naples le miracle ne se fit pas : présage de la perte qu'il fit de ce royaume. Des prêtres disaient auprès de moi : « Le miracle s'est fait, et cependant il y avait neuf hérétiques ! » C'est qu'il y a quelques années, le miracle tardant à se faire, on fit retirer quelques protestants d'auprès de l'autel.

(1) Ouvr. cité. II, 18, 20, 22.

Vous remarquerez que le miracle se renouvelle huit jours de suite ; que trois fois l'année il se fait : le jour du Saint, le jour de sa translation et celui de sa décollation. Ce qui ruine le miracle de Saint Janvier, c'est que la tête de Saint-Jean-Baptiste fait aussi tous les jours le même miracle. Je reverrai et l'un et l'autre.....

Je suis persuadé que tout cela n'est que des thermomètres, aussi lorsque l'on porte ce sang d'un lieu chaud à un lieu chaud ou d'un lieu frais à un lieu frais, le miracle ne se fait pas. Celui de Saint-Jean-Baptiste qui se fait par le moyen d'une messe se fait aussi par un thermomètre, à ce que je crois. Le sang est dans un lieu très froid. On le porte sur l'autel où les bougies, la respiration et la présence des assistants échauffe ce lieu.....

... Je ne crois pas que le miracle de Saint Janvier soit fait par aucune fourberie et surtout qu'on mêle rien dans ce sang...

Je crois que les ecclésiastiques sont la dupe eux-mêmes : ils ont vu la liquéfaction : ils ont cru qu'elle se faisait par miracle. Le besoin qu'ils ont eu du miracle pour consoler le peuple a fait qu'ils ont cherché à examiner ce qui réussissait le mieux pour faire faire le miracle au Saint : ils ont établi des cérémonies qu'ils ont cru les plus agréables au Saint. Ces cérémonies une fois établies ne se changent plus... On a donc cherché d'abord à faire le miracle et ensuite on a continué à observer les mêmes moyens dont on s'est servi... Ce ne sont ici que conjectures : peut-être y a-t-il un véritable miracle ».

Nollet n'aurait pas terminé sur ces mots respectueux, mais contraires à l'explication naturelle des faits, parce qu'il n'a pas tant raisonné ; il savait qu'on redevient vite dupe de l'imagination, quand on dépasse les données expérimentales.

Il en avait posé la formule toute moderne. « Si j'essaye de deviner ce que je ne vois pas, je veux que mes conjectures soient fondées sur ce que j'ai vu. »

.·.

Ainsi, par un journal intime d'observations et d'impressions, Nollet donne son témoignage très-utile dans la question de l'esprit français, de l'esprit des encyclopédistes (et de leurs adversaires) au milieu du xviii⁰ siècle. Cette date est très-importante.

C'est d'abord une date de cosmopolitisme scientifique, un rapprochement des savants européens, par les relations internationales, par les rapports particuliers entre les savants ou les rapports de ceux-ci avec les sociétés savantes, par l'émigration ou les voyages des savants français invités, sollicités flatteusement à porter à l'étranger les tendances nouvelles, claires et conscientes, les méthodes expérimentales de la science française. Le roi de Prusse alors recrutait chez nous l'Académie de Berlin qui prenait à l'Académie des Sciences quelques-uns de ses membres les plus réputés. Maupertuis se faisait autoriser à sortir du royaume par un brevet du 15 avril 1745 [1], montrant le chemin que Voltaire

[1] G. Desnoiresterres, *Voltaire et la Société au XVIII⁰ siècle*. Voltaire à la cour, 2⁰ éd., Didier, p. 35.

devait bientôt suivre et que Gresset refusait de prendre (1), malgré les avantages offerts, préférant sa patrie et son indépendance aux aventures littéraires lointaines. Nollet, sans partager la répugnance de Gresset pour l'éloignement, ne voulait pas davantage se fixer à l'étranger. L'intérêt de la science à vulgariser, à répandre, avec le renom français, ne lui faisait pas oublier son caractère et les intérêts de son pays : il ne consentit pas à aller demeurer à la cour de Vienne (2) malgré les plus vives instances de l'ambassadeur du roi de Sardaigne à Vienne, et ses scrupules étaient des plus honorables.

Ce cosmopolitisme scientifique, d'autant plus nécessaire qu'il n'y avait pas alors de correspondance scientifique internationale, préparait cette nouvelle forme de solidarité de tous les laboratoires et observatoires, et contrôlait, centralisait, dirigeait les recherches en leur donnant le contre-poids de la critique, ainsi que l'émulation des méthodes.

Des laboratoires des savants et des Universités, des palais des amateurs de sciences, l'esprit d'observation gagnait le public : l'Académie des Sciences avait tracé la voie à l'Encyclopédie qui la dépassa, en mettant plus de décision et d'unité dans son

(1) G. Desnoiresterres o. c. Sur Voltaire physicien on lira un article d'ailleurs assez faible d'Edgard Saveney, *Revue des Deux-Mondes*, T. 79, p. 30 (1ᵉʳ janvier 1869), et Du Bois Reymond. (Acad. des Sciences de Berlin, 1868.)

(2) Ms. p. 197. p. 212. Il s'agissait de l'éducation des jeunes princes et de l'amusement de l'empereur. Nollet voulait bien y aller un an, « si ce temps-là pourait suffire, mais il ne ferait point un établissement à demeure dans tout autre endroit que sa patrie, comme il l'avait écrit à M. Van Swieten ».

œuvre plus combative (1). Quand Nollet prenait des notes sur les manufactures de soie, sur les particularités des industries et des matières premières en Italie, il imitait son maître Réaumur ; il pensait lui-même au caractère utilitaire de la science, à laquelle rien n'est étranger de ce qui peut attacher l'activité de l'homme, décupler sa force et son bonheur par l'empire de la nature (2).

A cette date critique de 1750 triomphait déjà la recherche de la vérité expérimentale par l'observation, par l'induction rigoureusement soumise aux faits. Et cet esprit positif, dès ses premières étapes, avait trouvé devant lui l'esprit métaphysique, la croyance au surnaturel, les explications provisoires ou les ignorances invétérées. Le nouveau programme de la science rajeunie, travaillée par l'amour de la vérité, était désormais de regarder comme des champs d'expériences le monde matériel, le monde moral, le monde social — triple domaine trop négligé. Et d'abord attachée aux réalités, la science enchaînait à leur service l'abstraction et les sciences qui en dépendent. Par un pressentiment de son avenir, elle voulait qu'ainsi les forces naturelles fussent de plus en plus mises à la disposition de l'homme, que la valeur économique de la matière fût connue, multipliée, démesurément augmentée

(1) L'Académie des Sciences fit concurrence à l'Encyclopédie par des publications appelées *Description des Arts et Métiers*. On y trouve un article signé par Nollet, l'article *Chapelier* (1775).

(2) Le XVIIIe siècle est aussi le grand siècle de la mécanique, de Newton à Lagrange. Voir *La Mécanique* de Mach (trad. fr. par E. Bertrand). Les trois derniers chapitres ont un caractère général.

dans d'infinies métamorphoses; et elles n'oubliait pas que comprendre de cette façon la conquête de la nature, l'industrie de l'homme, c'était travailler à son bonheur, à l'avenir de l'humanité.

Cette mission de la science expérimentale, inaugurée au XVIII° siècle, a aujourd'hui une démonstration éclatante dans le rôle scientifique et social des Universités du monde civilisé; et le professeur Giacomo Ciamician l'exprimait ainsi récemment, à l'Université de Padoue, à l'occasion de la fondation d'un cours d'Electrotechnique par la Caisse d'Epargne (1) : « Les sciences exercent une haute mission sociale qui consiste dans l'amélioration morale et matérielle du sort de tous, riches et pauvres, humbles et puissants : les aspirations de la science se confondent avec celles de l'humanité. »

Mais « l'esprit positif » (2), nécessaire aux savants au cours de leurs recherches — et dont Nollet a fourni une des premières preuves — ne s'affirme pas seulement dans le progrès des sciences expérimentales. Dès ses premières interventions au XVIII° siècle, il a combattu la dérogation à ses lois, la contradiction à son existence, le surnaturel, et il y a eu dès lors un conflit entre la science et la religion. « Le

---

(1) Voir dans *Revue bleue*, 12 nov. 1904, Alfred Poizat : « Les Universités italiennes aujourd'hui et leur rôle social. » Que de chemin parcouru depuis le voyage de Nollet en 1749! Le professeur Ciamician remarque que la fabrication de l'acide sulfurique en Italie a quintuplé en dix ans (1890-1900).

(2) Sur l'esprit positif lire avec prudence : J. Wilbois, *Revue de Métaphysique et de Morale*, mars 1901, sept. 1901, janvier mai, sept. 1902. En outre les ouvrages connus, plus anciens.

mystère et le miracle, a dit Berthelot (1), ne se rencontrent point dans les livres des physiciens et n'interviennent point dans leurs explications. » Sans doute : et plus le surnaturel (2) a dépassé la parole évangélique, et la science positive, plus le conflit s'est aggravé, plus on a été incité d'une part à proclamer la faillite de la science, plus, d'autre part, on a été conduit à nier toute vérité qui échappe aux méthodes scientifiques, sans faire d ailleurs la part de l'inconnaissable.

L'opposition s'est donc faite très tranchée et même irréductible entre deux grandes familles d'esprits ; entre elles a grandi un autre esprit qui donne satisfaction à l'imagination sentimentale, et qui s'accommode aux deux esprits opposés : c'est l'esprit artistique, le sentiment esthétique qui a pris pleinement conscience de ses moyens et de sa manière moderne aussi au xviiie siècle. Il a mis à côté du sens du Vrai le sens du Beau qui tous deux tendent à s'harmoniser dans les tempéraments modernes, mais qui, au xviiie siècle, dans l'entraînement et l'ivresse des premières joies trop particulières et égoïstes s'excluaient encore l'un l'autre. Nollet nous en est un frappant exemple ; mais il fallait aussi à l'esthétique sa méthode scientifique, le secours des sciences auxiliaires pour la constituer en science

(1) *Science et Morale*, Paris, 1895. p. 5.
(2) On oublie que le conflit entre la science et la religion n'est pas, autant qu'on le croit, entre elle et la parole évangélique. Le Christ n'a pas abusé du miracle et, de plus, il a protesté contre les imaginations impatientes, avides de voir des miracles et qui *n'en auraient point.*

sérieuse et digne de considération ; et elle n'était pas telle en 1749 devant Nollet.

La grande ferveur scientifique à cette date, date de l'Encyclopédie, explique l'activité des Sociétés savantes en France et à l'étranger, leur curiosité, leurs investigations, leurs concours. Toutes ne sont pas préparées à leur rôle de diriger, par la force de l'association, le véritable esprit scientifique ; quand elles étaient visitées par un missionnaire des méthodes expérimentales comme Nollet elles en recevaient sans doute une impulsion utile ; elles se remettaient dans la direction scientifique rationnelle, seule inspiratrice de découvertes et de progrès.

Ainsi Nollet éclaire encore cette partie de l'histoire de l'esprit français dans les Sociétés savantes au xviii⁰ siècle. Quand on l'aura connu, on comprendra mieux, par son esprit moyen, par ses idées moyennes, le caractère et la vogue de l'esprit scientifique, avant les grandes individualités et les grands noms, avant Volta et Galvani, avant d'Alembert, avant les lettres d'Euler.

APPENDICE

Testament de l'abbé NOLLET (1)

Au nom de la très sainte Trinité, Père, Fils et Saint-Esprit.

Ma première et ma plus ferme volonté est de mourir comme Dieu m'a fait la grâce de vivre dans le sein et dans la croyance de la Sainte Eglise Catholique, apostolique et romaine, et d'obtenir, avant mon décès, le pardon de mes fautes.

1° Je lègue et donne à l'hôpital de Clermont en Beauvoisis, une somme de douze cens livres une fois payée.

2° Je lègue à l'église de Pimprez, diocèse de Noyon, lieu de ma naissance, une pareille somme de douze cens livres, à condition que tous les ans le jour de Saint Charles jusqu'à la fin de ce siècle, il sera dit une messe pour le repos des âmes de tous les défunts de ma famille.

3° Je lègue une somme de trois cens livres qui sera remise entre les mains de M. le Prieur d'Athis pour être par luy employée au soulagement des pauvres de ladite paroisse.

4° Je lègue à Pierre Nollet, mon cousin germain, une somme de douze cens livres une fois payée.

5° Je lègue à Jacques Antoine Guy, mon cousin germain, une somme de quatre mille livres une fois payée.

6° Je lègue à Marie Guy, veuve du sieur Ravalet, ma cousine germaine, une somme de cinq cens livres une fois payée.

7° Je lègue à Jean Alizat, élève de l'Académie royale de peinture, une somme de trois mille livres, deux de mes robes de chambre, à son choix, tout mon linge de corps, quatre paires de draps de maître et l'ameublement entier de mon appartement de

---

(1) Arch. municip. de Pimprez. Cette copie a été délivrée à la paroisse qui était bénéficiaire d'un legs. Un portrait à l'huile de Nollet prouve la gratitude de sa commune natale pour son bienfaiteur « connu par ses écrits — et pour son bon cœur — il fut de sa patrie et l'amour et l'honneur. » Cette formule plus naïve que poétique ne dépare pas trop le portrait qui est bon et le testament qui est mieux : le fait d'une belle âme qui sait se souvenir de sa famille et lui laisse une aisance bien gagnée, qui sait aussi dispenser les utiles bienfaits.

Versailles, en luy recommandant de ne jamais oublier que je luy ay aidé à acquérir des talents et un état, afin qu'il pût secourir ceux de ses proches qui seroient dans l'indigence, spécialement le jeune Alizat, son cousin germain, actuellement pensionnaire au Collège de Saint-Vincent de Senlis.

8° Je lègue à Marie Caillet, femme de M. Gallonde, marchand horloger, ma cousine, deux cens cinquante livres de rente viagère à titre de pension alimentaire et non saisissable.

9° Je lègue à Agnès Renée de la Haye, ma fillolle, une somme de deux mille livres une fois payée pour aider à son établissement, et au cas que ladite Agnès Renée fût décédée avant moy, je lègue à Marie Guy, sa mère, cent livres de rente viagère et non saisissable.

10° Je lègue à Louise Damery cinquante livres de rente viagère et non saisissable.

11° Je lègue à chacun de mes domestiques y compris mon jardinier de Mont-sur-Orge, une somme de cent cinquante livres une fois payée, au pardessus de ce qui pourroit leur être dû de leurs gages ou avances au jour de mon décès.

12° Je lègue au fils ainé de Regnier, mon filleul, une somme de cent cinquante livres une fois payée pour l'aider à apprendre son métier.

13° Je lègue une pareille somme de cent cinquante livres une fois payée à la fille ainée de Jacques Mola, habitant d'Athis, et encore une pareille somme à Antoinette Robert, fille de mon jardinier, mon intention étant que ces deux enfants apprennent chacun un métier.

14° Je lègue à M. Bezout, de l'Académie royale des Sciences, le lit que j'ay à Bapaume, le baromètre à cadran, le portrait de feu Monseigneur le Dauphin et le médaillon de Mlle Ardinghelly qui sont dans mon cabinet de Paris.

15° Je lègue à M. Brisson, de l'Académie royale des Sciences, la pierre d'aimant avec son portant qui est à côté de mon buste de marbre avec le tableau lavé à l'encre de la Chine, représentant une Savonnerie et je le prie de recueillir les papiers de lettres et autres papiers provenant de la succession de M. Réaumur, pour remettre à l'Académie des Sciences ceux qui pourront luy appartenir.

16° Je lègue à M. Hérissart, docteur en médecine et membre de l'Académie royale des sciences, le portefeuille qui contient les oiseaux, insectes et autres parties d'histoire naturelle enluminées et mises au jour par M. de Buffon, de plus toutes les planches de l'ornitologie de M. Brisson, reliées en un volume infolio, et quatre volumes brochés des figures de l'Encyclopédie.

17° Je lègue à M. Sorbet, chirurgien major de la 1re Compagnie des Mousquetaires, un tableau qui est dans ma salle à manger de Paris, représentant un esclave qui médite, ayant un couteau à la main, plus, un autre tableau représentant un paysage qui est dans ma salle à manger de Mons-sur-Orge, et encore une esquisse d'une descente de croix qui est dans ma chambre à coucher du même endroit.

18° Je déclare que j'ay fait donation à Mlle Marie-Louise-Françoise Yraine d'Herbourg, d'une somme de six mille livres qu'elle a laissé entre mes mains et dont je luy paye la rente. Je confirme ladite donation, et, en outre, après l'acquis des legs mentionnés cy dessous, j'institue ladite demoiselle d'Herbourg ma légataire universelle et je révocque tout autre testament que j'aurais pu faire, déclarant que celuy-cy contient ma dernière volonté, et pour l'exécuter, je nomme mon amy M. Laubry cy devant avocat au Conseil, et je le prie de vouloir bien accepter en mémoire de notre ancienne amitié, le diamant brillant que j'ay coutume de porter en bague et que j'ay reçu en présent de S. A. R. Monseigneur le duc de Savoye.

A Paris, ce deuxième jour du mois de juin de l'année mil sept cent soixante-sept, signé, Nollet.

Pierre Nollet, au profit duquel j'avois fait le legs, mentionné à l'art. 4 étant décédé, je transporte ledit legs de douze cens livres à son fils unique, marchand tapissier, qui demeure actuellement rue Saint-Antoine, paroisse Saint-Paul.

Agnès Renée de la Haye, ma filleule s'étant mariée depuis ma disposition de l'art. 9, j'annule dans cet article ce qui la concerne, à cause de ce que j'ay fait pour elle lors de son mariage et j'entends laisser subsister ce qui concerne Marie Guy sa mère, dans dans le même article.

A Paris, ce dix-neuf juin mil sept cent soixante-huit, signé Nollet.

En marge est écrit controllé à Paris, le vingt-six avril mil sept cent soixante-dix, reçu 26 livres, signé Langlois.

En une autre marge est encore écrit vu au greffe des insinuations du Chatelet de Paris, sans préjudice des droits, ce 26 avril 1770, signé Ragré.

Il est ainsy en l'original desdits testament et codicille déposé pour minutte de Me Lebrun, l'un des notaires soussignés suivant et par le procès-verbal d'apposition des scellés mis par M. Guyot, commissaire au Chatelet, après le décès de Messire Jean-Antoine

Nollet, diacre, licentié de théologie, de l'Académie royale des Sciences, de la Société royale de Londres, de l'Institut de Bologne, de l'Académie des Sciences d'Erfurt, maître de physique et d'histoire naturelle des enfans de France, professeur royal de physique expérimentale au Collège de Navarre et aux Ecoles de l'artillerie et du génie, daté au commencement du 24 avril 1770. Ledit dépôt fait le lendemain 25 dudit présent mois d'avril lequel M° Lebrun a délivré ces présentes ce jourd'huy 26 avril 1770. Signé Le Brun et Guéret avec paraphes, scellé lesdits jour et an. Et insinué à Paris, le 22 juin 1770.

Je sertify la présente copie conforme à l'original du testament de M. l'abbé Nollet en foi de quoy jay signé d'Herbourg à Paris, ce 3° Juillet.

Enregistré au reg. des arrêtés du maire de la commune de Pimprez, sous le n° 68 dudit registre, à Pimprez, le 14 août 1856.

Le Maire : X.